청춘멘토 황선찬의

사이다

청춘멘토 황선찬의 **사이다**

초판 1쇄 발행 2016년 02월 22일
1판 2쇄 발행 2016년 04월 15일
1판 3쇄 발행 2017년 02월 04일
1판 4쇄 발행 2018년 02월 28일

지은이 황선찬
펴낸이 북작
편집 북작
디자인 이재호(kaka0083.tistory.com)
펴낸곳 도서출판 좋은땅
출판등록 제2011-000082호
주소 경기도 고양시 덕양구 동산동 376 삼송테크노밸리 B동 442호
전화 02)374-8616~7
팩스 02)374-8614
이메일 so20s@naver.com
홈페이지 www.g-world.co.kr
ISBN 979-11-87088-61-5 (03190)

가격은 뒷표지에 있습니다.

이 도서의 국립중앙도서관 출판시도서목록(CIP)은 서지정보유통지원시스템 홈페이지(http://seoji.nl.go.kr)와
국가자료공동목록시스템(http://www.nl.go.kr/kolisnet)에서 이용하실 수 있습니다. (CIP제어번호 : CIP2016003965)

청춘멘토 황선찬의

사이다

웃프니까 청춘이다!

웃픈 청춘에게 권하는 황선찬의 사이다 한 사발!

황선찬 지음

프롤로그

"자네는 죽기 직전에 못 먹은 밥이 생각나겠는가, 못 이룬 꿈이 생각나겠는가?" -웹툰, '무한동력' 중에서-

꿈은 살아서 움직여야 한다. 작은 꿈이든 큰 꿈이든 지금부터 조금씩 이루어가야 굳지 않는다. 큰 꿈을 이루는 데는 시간이 많이 걸린다. 50년 이상 하고 싶은 일을 위해서는 10년도 진득하게 투자할 수 있어야 한다. 급한 마음에 우왕 좌왕하다 보면 몇 년이 금방 가고 그때서야 준비기간이 너무 짧다고 허둥댄다. 오래 나는 비행기는 활주로가 길다. 오래도록 자신의 꿈을 이루며 살기 위해서는 활주로에 해당하는 청년시절에 차별화된 경쟁력을 갖추기 위해 도전해야 한다.

경쟁력을 가지려면 자신만의 명확한 기준을 세워서 준비해야 한다. 나는 마라톤 풀코스를 완주하기 위해 그 4배인 160㎞와 줄넘기 10만 개를 준비한다. 운동을 몇 년간 안 해도 이 두 가지 기준만 통과하면 나는 마라톤 풀코스를 완주할 수 있다. 사하라 마라톤 250㎞도 그 4배인 1천㎞를 연습했기 때문에 완주할 수 있었다. 수능만점자 출신인 꿈친구 오대교 작가에 의하면 수능에서 수학 1등급을 받으려면 수학문제를 하루에 30문제씩 풀면 된다고 한다. 20문제씩 풀면 2등급, 10문제씩 풀면 3등급이다. 이것이 기준이다. 기준이 없으면 아무리 준비해도 내심 불안하다. 하지만 기준을 중심으로 준비하면 충분히 미래의 꿈을 이룰 수 있다.

나는 과거에 집착하는 사람하고는 이야기를 하지 않는다. 그런 사람은 현재가 비참하고 미래의 꿈이 없기 때문이다. 미래를 붙잡기 위해서는 과거를 놓아야 한다. 현재에 충실하면서 밝은 미래를 꿈꾸면 가슴 설레는 삶을 살 수 있다. 나는 이 책을 집필하면서 수 백 명의 청년들을 만났다. 암울한 현실 속에서도 꿈으로 가득 찬 청년들을 보면서 우리나라의 미래는 여전히 밝다는 것을 느낄 수 있었다. 이 책은 '내가 왕년에~'로 시작하는 늙다리의 넋두리가 아니다. 20대 청년과 50대 청년의 살아있는 대화이다. 나이만 적다고 청년이 아니다. 꿈이 있어야 청년이다. 꿈이 있는 한 사람은 늙지 않는다.

《사이다》는 꿈에 관한 문답집이다. '사이다'는 두 가지 의미를 담고 있다. 하나는 '답답한 청년들의 속을 뻥 뚫어주는 사이다'라는 의미이다. 다른 하나는 꿈을 '사랑한다, 이해한다, 다행이다.'의 줄임말이다. 부디 이 책을 읽은 청년들이 조금 더 무모해지기를 소망해 본다. 옆에서 현실주의를 가장한 찌질이들이 뭐라고 하든, 대책 없이 도전하고 실패하며 인생을 조금 멀리 돌아가기를 바란다. 그래서 마지막 눈 감기 전에 최소한 못 이룬 꿈을 후회하기보다 차라리 못 먹은 밥이 생각나기를 간절히 바라고 또 바란다. 꿈 있는 청춘은 꾸미는 청춘보다 아름답다.

2016년 2월 7일 청춘멘토 황선찬

PART 4 인간관계

PART 5 가족

PART 6 돈

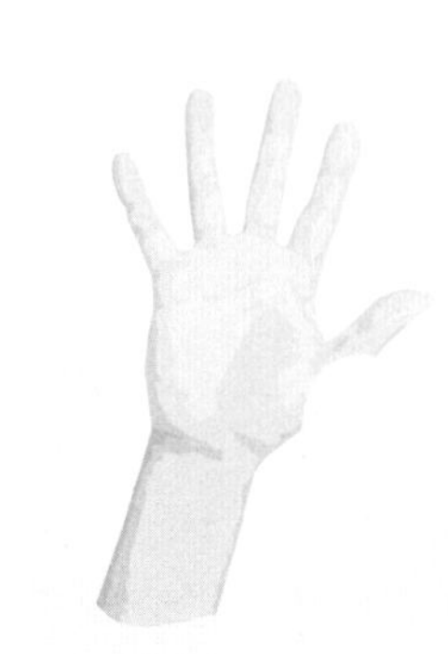

PART 7 자아

PART 8 자기계발

PART 1
진로

1. 잘하는 일 vs 좋아하는 일

1. 저는 요즘에 미래에 대한 고민이 많습니다. 제가 잘하는 일을 해야 할까요? 아니면 좋아하는 일을 해야 할까요?

知之者는 不如好之者요, 好之者는 不如樂之者니라.
지지자는 불여호지자요, 호지자는 불여낙지자니라. -논어(論語)》中 옹야편(雍也篇)

천재는 노력하는 사람을 이길 수 없고, 노력하는 사람은 즐기는 사람을 이길 수 없다는 말이 있어. 자신이 좋아하는 일을 하는 사람은 지치지 않고 좋은 성과를 거두는 경우가 많아. 아무리 어려워도 좋아하는 일을 한다는 기쁨이 그것을 상쇄하거든.

좋아하지는 않지만 잘하는 일을 선택하면 나중에 힘든 상황이 닥칠 때 결국 포기하게 될 확률이 높아. 반면 잘하지는 않지만 좋아하는 일을 선택하면 힘든 상황이 닥쳐도 꾸준히 해서 결국 잘하는 일이 될 확률이 높지.

잘하거나 좋아하는 일을 막상 직업으로 삼으면 그동안 보지 못했던 부정적인 면을 많이 보게 돼. 단순히 무언가를 좋아하거나 잘해서 진로를 선택하면 나중에 후회할 수 있어. 직업을 선택할 때는 그 직업에 대해 객관적이고 현실적으로 이해하는 것이 중요해.

자물쇠를 열고 싶으면 열쇠가 맞는지부터 확인하라

원하는 직업이 있다면 그 직업에 대해 객관적인 정보를 수집해야 해. 그 다음 자신이 무엇을 잘하고 좋아하는지 객관적으로 성찰해 보아야 해. 자물쇠를 열고 싶으면 우선 열쇠가 맞는지부터 살펴봐야 하니까.

2. 꿈이 있는데 돈과 시간이 부족하면

2. 당장 하고 싶은 일이 있는데 돈이나 시간의 제약이 있을 때는 어떻게 해야 할까요?

하고 싶은.일을 빨리 한다고 항상 결과가 좋은 건 아니야. 빨리 하면 빨리하는 대로 좋고 천천히 하면 천천히 하는 대로 준비를 철저히 할 수 있어서 좋다는 마음으로 해야지.

중요한 것은 마음이야. 아무리 많은 제약이 있어도 지금 해야 하는 일이라면, 다른 무엇보다도 그 일을 우선 순위에 두어야 해.

일에 대한 내 마음을 잘 점검해서 너무 빠르지도, 느리지도 않게 마음의 여유를 가지는 것이 중요해.

돈이나 시간이 없는데 정말로 하고 싶은 일이 있다면 해결 방법을 찾아야지. 돈 문제는 부모님께 도움을 요청하거나, 스스로 아르바이트를 해서 벌거나, 정 안되면 빌려서라도 해결할 수 있어. 시간문제는 스스로 관리를 통해 만들어야 해. 하고자 하는 의지가 있다면 방법은 반드시 뒤따라 나오게 되어있어.

생각이 있으면
방법은 따라 온다

하고 싶은 일이 정말 중요하다면 대출을 받아서라도 당장 하는 것이 좋아. 지금 당장 하고 싶은 일을 하면 열정이 불타올라서 일을 의욕적으로 할 수 있어. 나중에 시간적 경제적 여유가 생겼을 때 하는 것보다 몇 배의 성과를 내기 때문에 결국 시간과 노력을 절약할 수 있지.

3. 졸업을 1년 남기고 휴학하고 싶을 때

3. 졸업을 한 학기만 남기고 1년 휴학하고 싶은데 주위사람들이 반대를 많이 합니다. 주위 사람들이 반대하는 일은 하지 않는 편이 좋겠죠?

주위 사람들의 의견을 경청하는 것은 좋지만 거기에 휘둘리지는 말아야 해. 최종적인 결정은 스스로 내리는 거야. 자신에게 주어진 조건을 충분히 살펴본 후에 다른 사람들의 의견을 참고해봐.

대학 졸업 후의 진로가 분명하지 않다면, 충분히 준비를 한 후에 방향을 잡아도 돼. 휴학을 하고 전국 기차여행을 다녀본다든지, 이국적인 풍경에 나를 내려놓고 내가 진정으로 원하는 것이 무엇인지 차분히 생각해 봐.

반드시 휴학을 해야 하는 이유가 뭐지? 목적과 명분이 분명히 있다면 휴학을 선택하는 것이 맞아. 다만 그에 따라 인생이 조금 늦어질 수도 있으니 책임은 본인이 져야 해. 그래야 자기주도적인 삶을 살 수 있어.

어떤 일이든 환경에 지나치게 의존해서 결정하면 결코 성장할 수 없어. 주위의 의견을 수렴하되 스스로 결정하고 책임지면 판단력과 책임감이 길러지지.

쉬어 갈까? 스쳐 갈까?

시간이 많다고 해서 모든 것이 해결되지는 않아. 학교 다니면서 1년 내내 할 것을 휴학하고 몇 달 동안 집중적으로 해서 달성할 수도 있어. 그러니 휴학을 함으로써 얻을 수 있는 것과 잃을 수 있는 것을 잘 판단해서 결정해 봐. 당장 힘들어서 피하면 나중에 더 큰 대가를 지불해야 하거든.

4. 대학간판은 정말로 중요할까?

4. 대학간판, 즉 학벌이 정말로 사회에서 많이 요구되나요?

사실 학벌은 그 사람을 판단할 수 있는 아주 효율적인 척도 중의 하나야. 회사에서는 그 사람을 판단할 수 있는 시간과 자료가 절대적으로 부족하니까.

학벌이 좋으면 취업에 유리한 것은 사실이지만 학벌이 반드시 필요한 것은 아니야. 요즘은 아무리 서울대를 졸업하고 박사학위를 땄어도 취업 못하는 사람들도 많거든.

다시 대학에 갈 것이 아니라면 본인이 원하는 일이 무엇인지 신중하게 생각해서 그것을 이루기 위한 다양한 활동을 남기는 것이 취업에 도움이 될 거야.

대학간판을 바꿀 수 없다면 나 자신의 경쟁력을 키우는 데 혼신의 힘을 다해야 해. 친구들 사이에서도 능력 있는 친구가 매력이 있듯이 조직에서도 경쟁력 있는 사람이 매력이 있거든. 남들도 다 가진 경쟁력 말고 자신만의 경쟁력을 키워봐.

예를 들어 전공과 관계없이 한 분야에 대한 전문적인 지식을 쌓을 수도 있고, 대인관계에서 친화력을 높일 수도 있지. 자신의 장점과 흥미를 극대화시켜서 그것을 자신만의 경쟁력으로 만들어 봐.

아무런 특색이 없는 식당이라면 간판이 유일한 판단기준이야. 하지만 진짜 맛집은 간판이 허름해도 아예 없어도 손님들이 줄을 서서 기다리지. 남다른 경쟁력이 있으면 간판은 중요하지 않아.

5. 나만의 꿈을 찾는 방법

5. 제가 앞으로 무엇을 해야 할지 모르겠어요. 꿈은 어떻게 찾아야 할까요?

이상하게 들리겠지만 뭘 해야 할지 모를 때가 좋은 거야. 그 말은 앞으로 무한한 가능성이 펼쳐져 있다는 뜻이니까. 일단 결정된 인생은 돌이키기가 어려워.

중요한 것은 꿈을 찾는 과정에 있는 자신을 학대하지 않는 거야. 남보다 늦는 게 항상 나쁜 것은 아니야. 그만큼 자신의 꿈을 다양한 방법으로 신중하게 찾고 있다는 증거거든.

내가 진정으로 좋아하고 잘 할 수 있는 일은 내가 지금까지 살아온 흔적에 답이 있어. 내면 밑바닥까지 내려가서 치열하게 고민을 해야 해. 그렇게 해서 꿈을 찾아냈다면 이제는 뒤를 돌아보지 말고 그 꿈을 이루기 위해 달려가야지.

꿈을 꿀 때는 현실에 맞게 꿈의 크기를 미리 정하면 안 돼. 꿈은 원래 비현실적인 거야. '번듯한 기업에 취업을 하고 싶다'거나 '5년 내에 아파트를 사고 싶다'와 같은 것은 꿈이 아니야. 그건 계획이지.

알고 찾는 미로는 재미가 없다

꿈은 누군가에게 들려주는 순간 "미쳤니?"라는 반응이 나와야 해. 꿈은 비현실적일수록 매력적이고 매력적일수록 가슴이 뛰어. 가슴이 뛰어야 비로소 현실의 관성을 끊고 달릴 힘이 생기는 거야.

6. 하고 싶은 게 너무 많을 때

6. 공부, 알바, 춤 등등 하고 싶은 게 많을 때는 무엇부터 해야 하나요?

스티븐 코비의 '성공하는 사람들의 7가지 습관'에 따르면 인생은 4가지 일로 나눌 수 있어. 1. 중요하고 급한 일 2. 안 중요하고 급한 일 3. 중요하고 안 급한 일 4. 안 중요하고 안 급한 일

중요하지 않은 일은 습관적인 TV 시청과 인터넷 서핑, 스마트폰 게임 등이야. 이런 일을 우선순위에 놓으면 삶이 무의미해지지.

중요하고 급한 일은 시험공부하기, 과제 제출하기, 출근해서 일하기 등이야. 이런 일들은 급하고 중요하기 때문에 많은 사람들이 우선순위에 두지만 이런 일만 하면 자칫 삶이 팍팍해질 수 있어.

중요하고 안 급한 일은 부모님께 안부전화하기, 독서하기, 운동하기 등이야. 이런 일들은 언제든 마음만 먹으면 할 수 있다고 생각하기 때문에 소홀히 다루기 쉬워.

인생을 여유롭고 행복하게 살려면 중요하고 안 급한 일을 우선순위에 둬야 해. 당장 급하지 않다고 해서 소홀히 하면 나중에 큰 불행으로 돌아오거나 뒤늦게 하고 싶어도 할 수 없는 경우가 있어. 중요하고 안 급한 일들은 시간이 지나면 늘 중요하고 급한 일이 되거든.

예를 들어 평소에 건강관리를 소홀히 하면 나중에 큰 병에 걸릴 수도 있고, 평소에 부모님께 안부전화를 안 드리면 돌아가신 후에 아무리 후회를 해도 그땐 늦지. 너의 삶에서 중요하고 안 급한 일은 무엇인지 곰곰이 생각해 봐.

7. 스펙과 학업을 병행하는 방법

7. 여러 스펙을 위한 활동들과 학업을 병행하기 힘든데 어떻게 하죠?

'과유불급'이란 말은 '지나치면 모자람만 못하다'라는 뜻이야. 스펙을 쌓기 위한 시간과 학업에 몰두해야 하는 시간을 어느 한쪽에 치우치지 않게 적절하게 배분하는 것이 중요해. 요컨대 선택과 집중이지.

스펙활동이든 학업이든 내 인생의 목적과 방향에 맞춰서 중요한 순서를 정해봐. 단순히 취업을 목적으로 단기과정만 고려하면 안 돼.

스펙을 쌓아야 하는 일은 평생 동안 하는 일이 아니야. 일정기간 동안은 관련없는 일들을 과감하게 줄여서 스펙에 집중할 시간을 확보해야겠지.

고민되는 스펙은 의미가 없어. 정말로 중요한 스펙은 고민되지 않아. 당연히 열심히 해야겠다는 생각만 들 뿐이지.

불필요한 것은 과감하게 포기할 수 있는 용기가 필요해. 모든 것을 다 잡으려고 하면 이도저도 안 될 수가 있으니까. 본인 역량이 부족하면 역량에 맞게 선택을 하는 수밖에 없어.

선택과 집중은
평범한 사람도
초인으로 만든다

나쁜 선택보다 훨씬 나쁜 것은, 선택하지 않는 것이다 – 김어준, 딴지일보 총수

8. 내가 하고 싶은 일을 찾는 법

8. 자신이 하고 싶은 일이 무엇인지 알기 위해서 어떻게 해야 할까요?

자신이 하고 싶은 일을 알기 위해서는 아무에게도 방해받지 않는 공간에서 자신이 하고 싶은 일이 뭔지 깊이 생각해보는 게 좋아.

자신이 어떤 일을 했을 때 가슴이 뛰었는지, 어떤 일을 했을 때 밤새 그 일을 해도 힘이 들지 않았는지를 먼저 생각해봐. 그리고 가슴이 시키는 일을 하면 돼.

이렇게 심사숙고해서 얻은 결론으로 행한 일이라도 자신과 맞지 않을 수가 있어. 그러면 거기서 또 배우면 되는 거야. 나와 맞지 않는 일을 했다고 해서 시간을 허송했다고 생각하지 마. 에디슨이 전구를 발명하기 위해 9999번 실험에 실패하고 친구에게 이런 말을 했어. 나는 실험에 실패한 게 아니고, 다만 전구가 안 되는 9999가지의 이치를 발견했을 뿐이라고.

인생은 신발 위에 촛불 하나를 놓고 어둠 속을 찾아가는 것과 같아. 한 걸음을 내디뎌야 비로소 다음에 디딜 곳이 보이거든. 실수할 것이 두려워 망설이면 영원히 제자리에 있을 수밖에 없어.

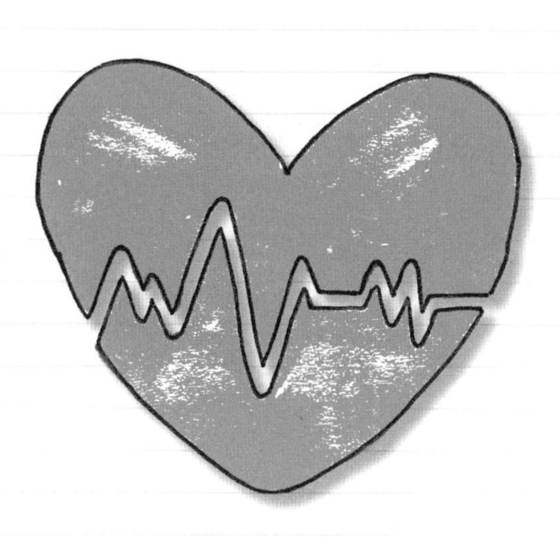

심장이 두근거리는 일을 하라

Learning by doing, 최대한 많은 경험을 하면서 자기가 무슨 일을 하고 싶은지 깨닫는 것이 중요해. 만약 그게 자신과 맞지 않는다면, 그때는 두려워하지 말고 또 다시 다른 것을 시도해 보는 거지.

9. 미래를 위한 공부 vs 현재를 즐기는 일

9. 미래를 위한 공부가 중요할까요? 지금 내가 좋아하는 일을 하는 것이 더 중요할까요?

'그 사람의 미래를 보려면 지금 무엇을 하고 있는지를 보라' 는 말이 있어. 현재와 미래는 긴밀히 연결되어 있거든. 지금 좋아하는 일은 어떻게든 미래에 영향을 주지.

지금 좋아하는 일이 단순히 놀이가 아니라 내 마음을 강하게 끌어당기는 일이라면 그것이야말로 '미래를 위한 공부'라고 할 수 있어.

학생으로서 학점관리를 하는 것은 당연하겠지만, 멀티플레이도 할 줄 알아야 해. 무의미하게 흘려보내는 시간을 활용하면 학업에 충실하면서 내가 좋아하는 일도 할 수 있어.

인생의 목적을 먼저 세우고 그 방향에 맞춰 지금 해야 하는 일을 생각해봐. 다만 그 모든 일들이 행복한 삶을 살기 위한 바탕이 되어야겠지.

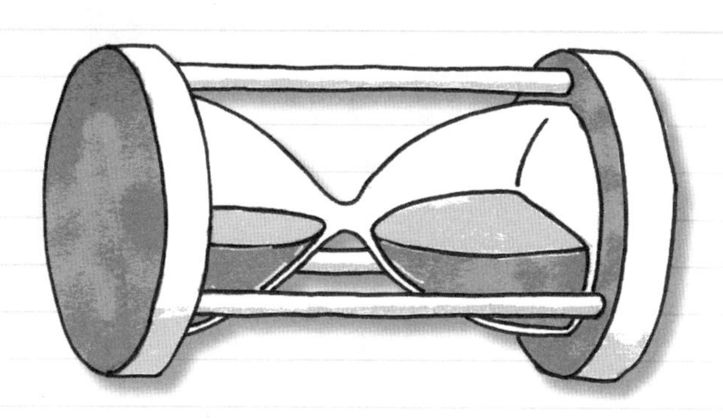

과거-현재-미래는 하나로 이어져 있다

미래와 현재를 구분해서 둘 중 무엇을 해야 되냐고 물어보는 것은 넌센스야. 미래를 위한 준비도 하면서 당장 자기가 좋아하는 일도 조금씩 하는 게 가장 보람 있게 사는 방법 아닐까?

10. 지금 다니는 학과가 안 맞을 때

10. 학과가 너무 안 맞아요. 시간 낭비, 돈 낭비인 것 같은데 어떻게 하면 좋을까요?

어떤 사람과 사귀게 되었는데 알고 보니 이 사람이 나와 맞지 않는 거야. 그 사람을 만날 때마다 괴롭다면 어떻게 해야 할까? 싫어도 계속 만나야 할까?

안 맞는 학과를 억지로 다니는 것은 사랑하지 않는 사람과 데이트를 하는 것과 같아. 몸은 여기에 있어도 마음은 딴 곳에 가게 될 거야. 결국 지금 학과에도 충실하지 못하고 겉돌게 되겠지.

맘에 들지 않는 학과를 선택한 것에 대해 자책하지 말고, 잘못된 선택으로 어떤 '배움'을 얻었다면 그걸로 의미가 있는 거야. 이 학과가 나에게 맞지 않는다는 것도 일종의 '배움'이니까.

하지만 잘못 들어온 길은 빨리 되돌아 나가는 게 상책이야. 그때의 경험은 새로운 길을 찾은데 도움이 되겠지. 쏟아 부은 시간과 비용이 아까워서 망설이면 그만큼 손해만 커질 뿐이니까.

정 학과가 맞지 않는다면 전과를 하거나 수능을 다시 보는 것도 고려할 수 있어. 지금 1~2년 고생해서 앞으로 10~20년을 행복하게 살 수 있다면 그것은 시간낭비가 아니라 미래에 대한 투자야.

PART 2

사랑

1. 인생에서 사랑이란

1. 인생에서 사랑이 그렇게 중요할까요?

믿음, 소망, 사랑 그 중에 제일은 사랑이라 - 고린도전서 13장

사랑 없이 얻은 명예와 성공은 누구에게도 인정받을 수 없어. 그러니 사랑은 다른 사람과 더불어 살아가는데 가장 중요하다고 할 수 있지.

오츠 슈이치의 '죽을 때 후회하는 스물 다섯가지'라는 책을 보면 사람들이 죽을 때 후회하는 첫 번째는 '사랑하는 사람에게 고맙다는 말을 하지 못한 것'이라고 해.

돈, 성공, 명예 등 다른 것을 살아가는 이유로 삼았던 사람들도 죽을 무렵에는 나를, 가족을, 이웃을 더 많이 사랑하지 못한 것을 후회하게 되지.

영화 '제5 원소'를 보면 물, 불, 바람, 흙에 이어 지구를 구할 마지막 원소는 '사랑'이야. 그밖에 다른 많은 할리우드 영화에서도 사랑은 모든 역경을 이겨내는 힘으로 나와. 이건 결코 상업적인 사탕발림이 아니야.

사랑은 끌어당기는 생명의 힘이야. 끌어당기면 모든 것이 연결되지. 세포와 세포가 서로 끌어당겨서 연결되면 살아있는 생명이 되고, 끌어당기는 힘을 잃고 단절되면 죽음이 되는 거야.

사랑 = 끌어당김 = 연결 = 생명

2. 이별을 극복하는 법

2. 이별을 극복하는 방법은 어떤 것이 있을까요?

중요한 것은 이별을 바라보는 마음의 자세야. 이별의 상처를 계속 곱씹고 있을 것인지, 아니면 이별을 통해 얻은 경험으로 새로운 상대에게 더 많은 배려를 할지는 전적으로 본인의 몫이야.

이별할 때 마음이 아프고 괴로운 것은 세상의 모든 것은 변한다는 사실을 인정하지 않아서 그래. 상대가 마음을 아프게 한 것이 아니라 '이 사람만은 변치 않을 것이다'라는 나의 믿음이 내 마음을 아프게 하는 것이지.

쉽지는 않겠지만 상대가 변할 수 있다는 사실을 인정할 수 있다면 이별의 상처를 극복할 수 있을 거야. 불확실한 미래를 기대하는 것보다 지금, 여기에서 최선을 다하는 것이 중요해.

현재 하는 일에 집중하는 것도 이별의 아픔을 극복할 수 있는 방법이야. 열심히 살다보면 반드시 또 다른 인연을 만나게 될 테니까. 자신의 일에 몰입하는 것처럼 매력적인 모습은 없거든.

뭐니 뭐니 해도 가장 좋은 방법은 새로운 사랑을 시작하는 거야. 사랑은 사랑으로 잊는다고들 하지? 이별의 감정에 빠지지 말고 새로운 설렘에 마음을 맡겨 봐. 세상이 회색이 아니라 컬러풀하다는 사실을 알게 될 거야.

3. 애인을 만나기가 두렵다면

3. 남자친구를 만나기가 두려워요. 연애문제를 잘 풀어나갈 조언을 해주세요.

연애문제를 잘 풀어가는 가장 좋은 방법은 나를 상대에게 맞추는 거야.

상대에게 맞춘다는 것은 나를 버리라는 뜻이 아니고, 내가 상대에게 맞추고 상대가 기뻐하는 모습을 통해 나도 기쁨을 느끼라는 의미야. 내 아집을 버리고 상대에게 맞추는 것은 상대를 진정으로 사랑할 때 가능한 일이니까.

'상대에게 맞추는 것'이야말로 '진정한 사랑'을 얻는 유일한 방법이야. 상대에게 맞추는 것은 상대를 진정으로 이해하려고 할 때만 가능한 일이지. 내가 진정으로 이해하는 사람을 어찌 사랑하지 않을 수 있겠어?

남자친구를 만나는 것이 왜 두려운지 스스로에게 물어봐. 답을 구하지 못한다면 믿을만한 친구나 선배를 찾아가서 대화를 나눠봐. 본인 스스로의 감정에 정직해야 답을 찾을 수 있을 거야.

사랑은 상대에게

온전히 자신을 맞추는 것

누군가를 만나고 시간이 지나면 어느 순간부터 너와 그 사람을 동일시하기 쉬운데 그럴 때일수록 상대를 독립적인 존재로 인정해야 해. 그래야 그 사람을 좀 더 이해하고 존중할 수 있게 되거든.

4. 군대 간 남친, 기다려? 말아?

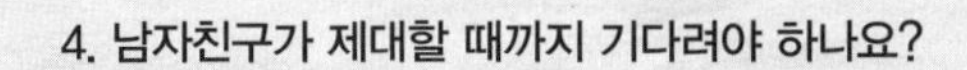

4. 남자친구가 제대할 때까지 기다려야 하나요?

사실 남자 친구가 군대에 가면서 관계를 정리하는 커플도 많아. 또 남자친구가 제대할 때까지 기다리지 못하고 중도에 헤어지는 커플도 많지.

남자가 제대할 때까지 기다리는 것은 여러 경우 중의 하나야. 남자가 군대에 있을 때도 면회나 편지의 형식으로 계속 관계를 이어왔다면 가능하겠지.

하지만 군대 간 남자친구를 기다리는 것이 의무는 아니야. 이미 그런 시대도 지났고.

이것은 선택의 문제야. 상대와의 관계를 유지하고 싶다면 기다리는 거고 그렇지 않다면 헤어지는 거지. 진정으로 좋아한다면 기꺼이 기다림의 시간을 감내하겠지.

만약 기다리기로 했다면 잠시 떨어져 있는 상황에서도 서로 변하지 않겠다는 마음이 중요해. 일종의 '의리'라고나 할까?

군대는 의무,

사랑은 선택

5. 좋아하지 않아도 사귈 수 있을까

5. 서로 좋아하는 게 아닌데 사귀는 건 상대에 대한 예의가 아니겠죠?

서로 좋아하지 않는데 왜 사귀는 거야? 그건 상대의 순수한 마음에 대한 모욕이나 다름없어.

좋아하지 않는데도 사귀는 것은 어떤 이익을 바라기 때문이 아닐까? 그런 계산적인 관계는 오래 가기도 어렵고, 결국 서로에게 상처만 남기게 돼.

상대에게 좋아하는 마음을 솔직하게 표현하면서 살아가야 돼. 그게 습관이 되면 누구를 만나도 좋은 관계를 유지할 수 있어.

그런데 이렇게 자신의 마음을 숨기며 사람을 만나는 것이 습관이 되면 마음이 자꾸 혼탁해져. 그러면 인간관계가 자꾸 꼬이고 갈등에 휩싸이게 돼.

사람은 진실한 마음을 주는 사람에게 끌리게 되어있어. 진실한 마음은 하루아침에 생기지 않아. 주위의 모든 사람에게 그런 마음을 줄 수 있도록 꾸준히 습관화해야 해.

좋아하면 표현하라

자신이 진심으로 좋아하는 상대가 생기기 전까진 연애는 안하는 것이 좋아. 좋아하는 마음이 없는데도 사귄다면 언젠가는 상대에게 큰 상처를 주게 될 걸.

6. 일과 사랑 모두 잡는 법

6. 일 VS 사랑, 둘 다 챙길 수는 없나요?

일과 사랑은 겉으로는 별개로 보이지만, 사실은 서로 긴밀하게 연결되어 있어.

자신에게 주어진 일에 최선을 다하는 것과 사람을 사랑하는 것은 서로 다른 것이 아니야. 일을 대하는 마음과 사람을 대하는 마음은 같아.

작은 일이라도 가볍게 여기지 않고 정성을 다하는 사람이라면 사랑하는 사람에게도 정성을 다하지.

일과 사람에 대한 정성스러운 태도는 상대에게 신뢰를 줘. 그러면 당연히 애정도 깊어지겠지?

상대에게서 얻은 신뢰와 애정은 다시 일에 긍정적인 영향을 미쳐서 더 큰 성과를 이루게 돼. 이렇게 선순환 구조가 만들어지면 일과 사랑을 모두 챙길 수 있지.

일과 사랑은 둘 다 정성이 필요하다

이왕이면 같은 일을 하는 사람을 만나면 좀 더 발전적으로 만날 수 있어. 하지만 같은 일을 하는 사람이 아니더라도 서로를 배려하면 일과 사랑을 모두 챙길 수 있어.

7. 사랑은 서로를 비추는 거울

7. 진정한 사랑을 하려면 어떤 마음을 가지고 있어야 할까요?

진정한 사랑을 하려면 항상 상대에게 맞추겠다는 마음을 가져야 해. 그것을 배려와 존중이라고 하지.

상대에게 맞춘다는 것은 무조건 상대의 뜻을 따르라는 말이 아니라 내 고집대로 하지 않는 것을 의미해. 그러면 상대도 감동하고 사랑하는 마음이 더 깊어지게 되지.

나와 상대는 거울처럼 서로 마주보는 존재야. 내가 인사를 하면 상대도 인사를 하고 내가 욕을 하면 상대도 욕을 하지. 다만 둘 사이에 약간의 시간차가 있기 때문에 그 사실을 깨닫지 못 할 뿐.

따라서 내가 상대에게 맞추려고 노력하면 상대도 자연스럽게 나에게 맞추려고 노력하게 되어있어. 시소를 탈 때 내가 내려가면 상대가 올라가고 상대가 내려가면 내가 올라가는 것과 같은 이치야.

반면 내가 고집을 내세우면 상대도 자신의 고집을 내세우게 되지. 그런 관계는 결국 파국으로 끝나게 되어 있어.

사랑은 공짜가 아니야. 아무 노력도 하지 않는데 유지되는 사랑은 드라마에도 없어. 상대를 행복하게 해 주겠다는 마음으로 시간과 노력과 열정을 쏟아야 해.

8. 사랑은 수학이 아니라 문학이다

8. 모든 연인은 결혼이 아닌 이상 헤어지기 마련이겠죠?

사랑의 기본은 '밀당'이 아니라 '진실된 마음'이야. 그건 연애든 결혼이든 똑같아.

사람을 자꾸 계산해서 만나면 상대도 나의 의중을 알아채고 나를 계산적으로 대하지. 상대를 진정으로 사랑하는 마음으로 존중하면 상대도 나를 그렇게 대할 거야.

그러니 연인이든, 결혼 상대든 계산적으로 대하지 말고 매순간 진심으로 사랑해야 해. 그런데도 상대가 나를 계산적으로 대해서 헤어진다면 그런 상대와 결혼하지 않은 것이 다행인거고.

사랑을 계산적으로 하는 것만큼 어리석은 것은 없어. 사랑은 수학이 아니라 문학이야. 더 나아가 예술이지. 예술작품을 계산기로 두드린다고 제대로 감동을 느낄 수 있을까?

사랑은 수학이 아니라 문학이다

결혼 상대자가 아니라고 해서 덜 사랑하는 것은 이미 사랑이라고 할 수 없어. 사랑할 수 있을 때 마음껏 사랑하는 것이 좋아. 지금 이 순간 상대에게 최선을 다하는 것이야말로 사랑의 본질이야.

9. 이성친구를 많이 사귀면 좋은 점

9. 이성친구는 많이 사귈수록 좋다고 하는데 구체적으로 어떤 점에서 좋은가요?

이성을 다양하게 사귀어보면 그들의 사고방식, 행동방식, 반응양식 등을 폭넓게 경험해볼 수 있지. 그건 혼자서는 절대로 알 수 없는 새로운 세계야.

이성의 세계를 이해한다는 것은 내가 몰랐던 세상의 절반을 이해한다는 것이나 마찬가지야. 그만큼 세상을 바라보는 안목이 넓어지게 되는 거지.

그런 안목이 없으면 "남자는 ~~한 존재야.", "여자들은 항상 ~~하지."라는 식으로 함부로 일반화시켜서 이성들을 판단하게 돼. 그럼 당연히 원활한 소통이 힘들겠지? 따라서 가능하면 이성을 많이 사귀어 보는 것이 좋아.

연애는 이성이라는 낯선 나라를 탐험하는 여행이야. 여행을 많이 한 사람은 성격이 모나지 않고 사람을 잘 이해하지.

한 사람을 깊이 오래 사귀는 것이나 얕게 여러 명을 사귀는 것이나 좋고 나쁨은 없어. 한 나라를 오래 여행하면서 많은 것을 느낄 수도 있고 짧게 여러 나라를 여행하면서 많은 것을 느낄 수도 있지.

사랑은 낯선 세계를 탐험하는 여행이다

가장 좋은 것은 많은 나라를 오래 여행하는 것인데 그러려면 시간적 경제적 제약이 많이 따르겠지? 이성친구를 만날 때도 똑같아.

10. 내가 좋아하는 상대 VS 나를 좋아하는 상대

10. 내가 좋아하는 상대 VS 나를 좋아해주는 상대, 누구를 만나야 할까요?

사랑에 일방통행은 없어. 중앙선을 사이에 두고 다른 방향으로 스쳐지나가거나, 외길에서 딱 마주쳐서 스파크가 튀거나 둘 중 하나야.

이때 상대를 배려해서 조금씩 옆으로 비켜주면 좋은 마음이 오가는 거고, 길 한복판에서 고집을 부리면 대판 싸움이 나는 거지.

내가 좋아하는 상대를 선택하고도 둘 다 행복하려면 최대한 상대에게 맞춰서 상대의 행복을 자신의 행복으로 느낄 수 있어야 해.

가장 이상적인 경우는 서로 좋아하는 경우겠지? 하지만 정말 운명적인 상대가 아니라면 이것이 동시에 이루어지는 경우는 별로 없어. 내가 좋아하는 상대가 나를 좋아하게 만들거나, 나를 좋아하는 상대를 내가 좋아하려고 노력해야지. 그것은 오직 배려의 마음으로 가능해.

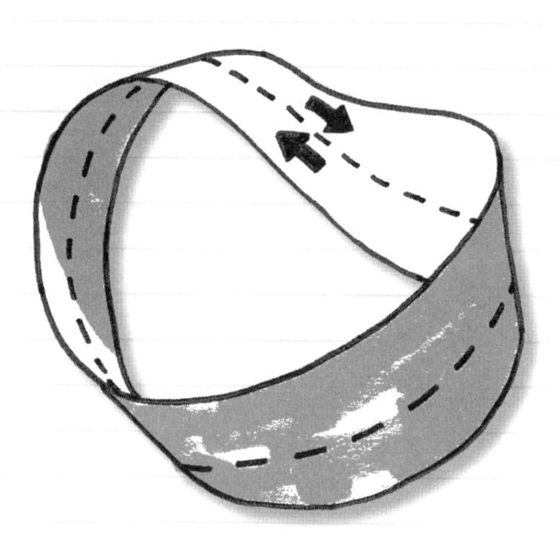

사랑은 무한히

이어지는 쌍방통행

나는 좋아하는데 상대가 나를 좋아하지 않거나 나는 좋아하지 않는데 상대가 나를 좋아하면 결국 한 쪽이 지치게 되어있어.

PART 3

결혼

1. 결혼은 일찍 할수록 좋다? 2. 운명의 상대를 알아보는 법
3. 나에게 꼭 맞는 배우자 고르기 4. 솔로도 가치 있고 싶다
5. 부모님이 결혼을 강요할 때 6. 결혼이 인생에 미치는 영향
7. 결혼생활의 장단점 8. 내 사람이다 싶을 때
9. 도대체 결혼을 왜 할까? 10. 결혼하기 딱 좋은 나이

1. 결혼은 일찍 할수록 좋다?

1. 결혼은 일찍 하는 게 좋나요?

결혼은 일찍 하면 일찍 하는 대로 좋고, 나중에 하면 나중에 하는 대로 좋아.

일찍 결혼해서 아이를 낳아 단란한 가정을 꾸려나가는 것이 좋을 수도 있고, 이런 저런 연애를 좀 더 해보고 신중하게 하는 것이 좋을 수도 있어.

중요한 것은 자신의 마음이야. 빨리 하든 늦게 하든 주위의 시선에 의해 끌려가듯 해서는 안 돼. 결혼은 인생에서 가장 중요한 결정이라고 할 수 있어. 스스로 신중하게 결정해야 해.

결혼은 언제 하느냐보다 누구와 하느냐가 훨씬 더 중요해. 우선 좋아하는 사람을 만나서 연애를 하는 것이 자연스러운 순서겠지? 그러다가 자연스럽게 결혼할 마음이 들면 그때 결혼하면 되는 거고.

이왕 결혼을 하기로 결심했다면 빨리 하는 것도 좋아. 배우자는 함께 살면서 서로 배우자고 약속하는 사이야. 함께하는 시간이 빠를수록 더 많은 걸 배울 수 있겠지.

Learn

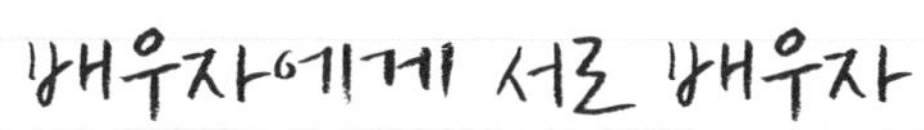
배우자에게 서로 배우자

key sentence

2. 운명의 상대를 알아보는 법

2. 평생을 함께 할 '운명의 상대'는 어떤 사람일까요?

'그 사람'을 떠올리면 항상 입가에 미소가 지어지고 온 몸에 힘이 솟아야 해.

그리고 '그 사람' 때문에 나의 안좋은 면들을 고치고 싶어하는지를 생각해 봐. 그런 생각이 들면 운명의 상대라고 봐도 좋아.

결혼은 반반씩 합쳐지는 것이라기보다, 온전한 존재끼리 포개지는 거야.

해야 하는 이유를 찾는 방법도 있지만 때론 하지 말아야 하는 이유를 찾는 것도 한 가지 방법이야. 하지 말아야 할 이유가 없다면? 하는 거지.

고리타분하게 들리겠지만 상대에게 나를 맞추고 희생할 수 있어야 행복한 결혼생활을 할 수 있어. 결혼 전과 똑같이 살겠다는 생각이면 틀림없이 혼자 사느니만 못할 거야.

i love you.
will you marry me?
운명의 상대는
나에게 미소를 주는 사람

Key sentence

3. 나에게 꼭 맞는 배우자 고르기

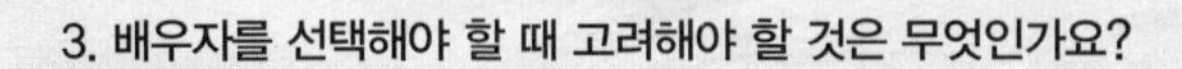

3. 배우자를 선택해야 할 때 고려해야 할 것은 무엇인가요?

우선 본인이 좋은 사람이 되어야 좋은 사람을 만날 수 있어. 사랑에도 끌어당김의 법칙은 존재하거든.

배우자를 선택할 때는 '계산하지 않고 있는 그대로의 나를 사랑하는 사람'인지가 가장 중요해.

그러면 결혼 이후 어려운 상황이 닥쳐도 서로를 이해하고 도울 수 있어. 물질적으로 부족한 부분은 살면서 하나씩 채워나가면 되는 거고. 하지만 배우자를 '조건'에 맞춰 선택하면 조건이 사라지는 순간 그 사람에 대한 마음도 변해.

그러니 현재를 보지 말고 미래를 봐. 현재 부유한 집, 좋은 직장, 훌륭한 외모 등은 내것이 아니야. 현재의 유리한 것을 선택하면 앞으로 발전할 가능성이 낮아지고 스스로가 초라해져.

있는 그대로의 나를 사랑해줄 수 있는
사람을 만날 것!

비어있는 그릇은 채워나가면 돼. 지금 많은 것이 채워져 있으면 채워진 것도 내 것이 아니고 앞으로 채울 것도 별로 없게 돼. 훌륭한 결혼생활이란 완성된 다이아몬드 반지를 사서 화장대에 모셔 두는 게 아니라 다이아몬드 원석을 멋진 보석으로 다듬어 나가는 과정이 아닐까?

4. 솔로도 가치 있고 싶다

4. 저는 결혼을 하고 싶지도 않고 아이를 낳고 싶지도 않습니다. 자신에게 충실한 인생도 가치 있지 않을까요?

물론 결혼하지 않는다고 해서 가치없는 인생은 아니야.

각자 자기 인생의 목적에 맞게 사는 것이 중요해. 홀로 사는 것이 인생의 목적이라면 그 나름대로 행복한 삶을 살게 되겠지.

다만 스스로 선택한 결정의 결과에 대해서는 의연해야 돼. 자신에게 충실한 인생을 살겠다고 결심했다면 그에 따르는 고독과 외로움도 감내해야지.

그런데 삶이란 시간이 흐를수록 혼자보다 누군가와 함께할 때 보람과 행복을 느껴. 인류가 멸망한 상황에서 홀로 살아남아 모든 것을 누릴 수 있다고 하더라도 진정으로 행복할 수 있을까?

결혼하고 아이를 낳으면 혼자서는 느낄 수 없는 행복감을 느끼게 되지. 행복한 결혼생활을 하고 있는 선배들을 만나 조언을 구해봐.

결혼은 선택이지만 선택에는 책임이 따른다

자신에게 충실한 인생이 행복하다면 혼자 살면 되고 가족들과 함께하는 인생이 행복하다면 결혼을 하면 돼.

5. 부모님이 결혼을 강요할 때

5. 저는 결혼보다 제 미래가 우선인데 부모님은 꼭 결혼을 하라고 하세요. 어떻게 하면 좋을까요?

일단 결혼을 하라고 하는 부모의 마음을 이해하려고 노력해 봐. 부모는 자식을 결혼시키는 것이 자신의 책임이라고 생각하거든.

부모는 자식이 좋은 배우자 만나 아이를 낳고 행복하게 사는 모습이 보고 싶을 거야. 하지만 그건 어디까지나 부모의 바람일뿐 그것이 곧 자식의 행복은 아니지.

결혼을 나중으로 미루고 지금 내게 중요한 일을 하고 싶으면 부모를 설득해 봐. 결혼할 마음도 확신도 없는데 부모가 하라는 대로 하면 반드시 후회가 생겨.

서둘러서 한 결혼은 한가할 때 후회한다는 말이 있어. 늦게 결혼하더라도 서로 행복할 수 있는 상대를 만나는 것이 현명해.

급하게 결혼하면 한가할 때 후회한다

결혼을 하거나 아이를 낳는 것으로 삶의 가치가 결정되는 것은 아니야. 본인이 원하는 대로 사는 것이 제일 중요하지 않을까?

6. 결혼이 인생에 미치는 영향

6. 주변에서 노처녀라고 걱정하는데 결혼이 인생에 큰 영향을 미칠까요?

요즘은 과거와는 달리 결혼을 안 하고 살아도 큰 문제가 없어. 한번뿐인 인생을 자유롭고 행복하게 사는 것이 가장 중요해.

진정으로 '있는 그대로의 나'를 사랑하는 상대를 만날 때, 그리고 그 상대와 행복하게 삶을 꾸려나갈 자신이 있을 때 결혼해도 늦지 않아.

결혼이 인생에 큰 영향을 주는 것은 사실이지만 다른 사람들에게 떼밀려서 하면 안 돼. 몇 번이고 말하지만 스스로 판단하고 결정하는 힘이 필요해.

삶은 곧 선택이야. 인생의 목적에 맞춰 직업도 선택하고 결혼도 선택해 봐. 올바른 선택을 하려면 충분한 지식과 경험이 필요하지.

하지만 착각하지는 마. 결혼을 하지 않는다고 누구나 골드미스가 되는 건 아니야. 결혼을 한다고 누구나 현모양처가 되는 것은 아닌 것처럼. 중요한 것은 본인의 능력과 의지니까.

7. 결혼생활의 장단점

7. 결혼생활의 장점과 단점에 대해 말씀해 주세요.

결혼을 하면 혼자만의 시간이 줄어들기도 하고 챙겨야 할 인간관계가 늘어나지. 또 가족들의 생계를 책임져야 하니까 경제적인 부담감도 커져.

하지만 결혼을 하면 심리적으로 안정되고 에너지를 충전할 수 있고 누군가와 연결되어 있다는 행복감을 느낄 수 있어. 때로는 의무감마저도 행복감으로 바뀔 수 있지.

이 모든 것은 결혼 자체의 장단점이 아니라 마음가짐에 달려있는 거야. 결혼기념일이 누군가에게는 귀찮고 신경 쓰이는 날이지만 누군가에게는 행복하고 가슴 설레는 날이 될 수 있는 것처럼.

결혼 생활을 할 때는 상대를 존중하고 상대에게 맞춰야겠다는 생각이 철저하게 몸과 마음에 배어 있어야 해. 그렇지 않으면 결혼 생활이 불행할 수밖에 없어.

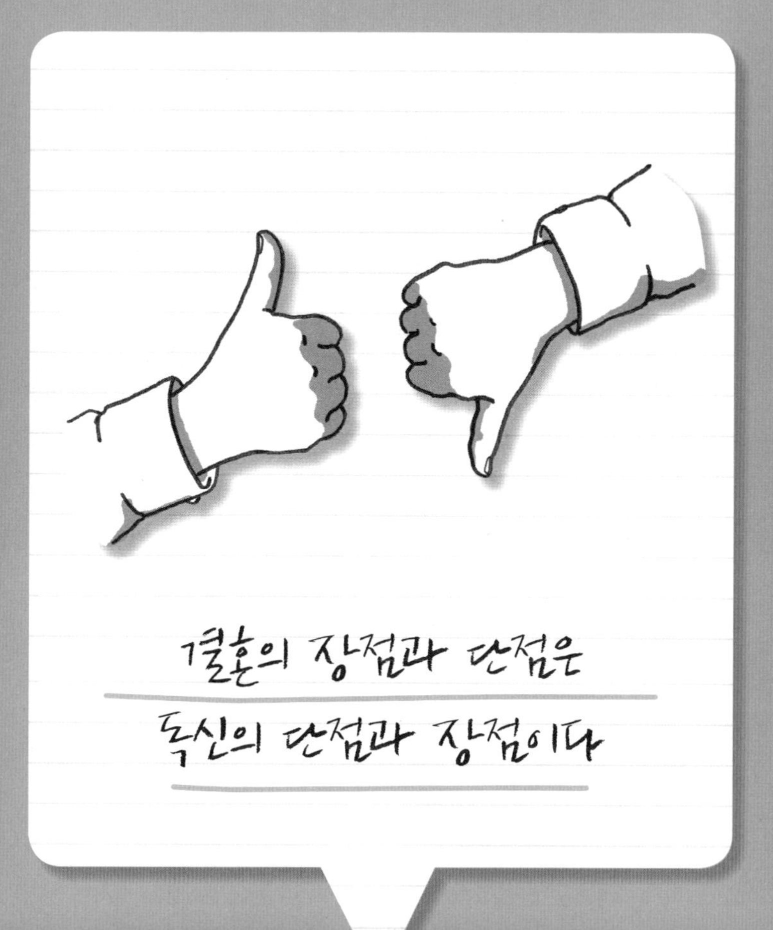

그러니 혼자 있는 것이 외로워서, 결혼한 다른 사람이 부러워보여서, 나이가 차서 등등의 이유로 결혼하면 서로가 불행해질 거야.

혼자 살지, 결혼 할지는 전적으로 자신의 선택에 달려있어. 자신의 선택에 책임을 지려는 마음이 있으면 어느 쪽을 선택해도 상관없어.

8. 내 사람이다 싶을 때

8. 언제 '이 사람이 내 사람이다'라고 생각하셨나요?

'결핍의 보상'이란 말이 있어. 힘들게 살아온 삶을 문학으로 승화시키면 그 삶이 보상을 받는다는 의미야.

결혼해야겠다는 결심도 마찬가지였어. 내가 살아오면서 힘들었던 모든 순간들이 이 사람을 만나면서 다 보상이 되는 구나하는 생각이 들었을 때 나는 이 사람과 결혼해야겠다고 생각했어.

'I.O.U.' 라는 팝송에 이런 가사가 있지. 'It's the sweetest debt I ever have to pay. 나에게 그토록 고마운 사람이니까 살면서 하나씩 하나씩 그 사람에게 갚아야겠다고 생각했어.

나의 힘들고 어려운 삶을 보상해주었으니 그 빚을 갚는 것만큼 달콤한 일이 세상에 또 있을까? 진심이 통하면 이 달콤한 빚을 어서 갚고 싶다는 순간이 분명히 올 거야. 너도 꼭 그런 사람을 만나기를 바랄게.

I know that's the sweetest debt I'll ever have to pay – 팝송 'I.O.U' 중에서

9. 도대체 결혼을 왜 할까?

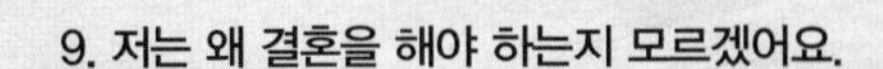

9. 저는 왜 결혼을 해야 하는지 모르겠어요.

결혼한 사람들이 불행하게 사는 모습을 보면 '저럴 거면 왜 결혼을 했나'하는 생각이 들 거야. 하지만 그것이 결혼한 사람들 모두의 모습은 아니야.

부정적인 것이 눈에 잘 띄니까 불행한 결혼생활을 하는 사람이 더 많아 보이겠지만, 행복한 결혼생활을 하는 사람도 많아.

첫 번째 결혼에 실패하고 두 번째 결혼으로 잘 사는 사람들도 많아. 그러니 중요한 것은 결혼에 대한 부정적인 선입견을 버리는 거야.

행복한 결혼생활을 하는 사람을 보고도 결혼을 부정적으로 말할 수는 없어. 결혼은 안 해도 좋지만 결혼에 대한 편견이 있다면 버리는 게 좋아.

혼자 짐작하고 결정하지 말고 결혼생활을 멋지게 하는 선배들과 대화를 나눠 봐. 결혼을 왜 하는지, 결혼을 하면 무엇이 좋은지 등등.

반대로 결혼을 안하겠다고 하는 이유도 생각해 봐. 결혼은 의무가 아닌 선택의 문제야. 결혼 생각이 없다면 억지로 하지 않아도 돼.

10. 결혼하기 딱 좋은 나이

10. 결혼하기에 적절한 나이는 언제입니까?

자꾸 결혼에 대한 표준적인 기준을 세우고 거기에 자신을 맞추려고 하지 마. 누구에게나 적용되는 결혼의 적절한 나이같은 건 없어.

일찍 결혼해도 잘 사는 사람이 있고, 늦게 결혼해도 행복한 가정을 이끌어 가는 사람도 많아. 나이나 조건에 맞춰 떼밀려서 한다면 결혼생활이 순탄하지 않지.

문제는 시기가 아니라 사람이야. 무엇보다 정신적인 교류를 할 수 있는 소울메이트를 만나는 것이 중요해. 결혼생활을 하면서 부딪치는 문제는 대화를 통해서 해결할 수 있거든.

사실 빨리 결혼하는 것이 여러모로 장점이 많아. 결혼이 늦어질수록 준비해야 할 것도 많아지고 상대에 대한 기대치도 높아지기 때문이지.

좋은 사람을 만났을 때가
결혼할 때

나는 아들에게 대학교를 다닐 때라도 가능하면 결혼도 하고 아이도 빨리 낳으라고 이야기하곤 해. 학생 때 결혼하면 준비가 좀 부족해도 아무도 뭐라고 안 하거든.

좋은 사람을 만나고 그 사람과 평생을 같이해도 될 것 같다는 확신이 들면 그때 하는 게 결혼이야. 시기의 문제가 아니라 사람의 문제라는 관점의 전환이 필요하지.

PART 4
인간관계

1. 남의 눈치를 덜 보는 법

1. 다른 사람 눈치를 덜 보는 방법이 있을까요?

주인과 노예의 차이가 뭔지 알아? 주인은 자신이 원하는 일을 하고 노예는 남이 원하는 일을 한다는 것이지.

남의 눈치를 보며 사는 인생은 남이 원하는 대로 사는 노예의 삶이야. 주인의식을 가지면 남의 눈치를 볼 필요가 없어.

주인의식을 가지려면 우선 자존감을 높여야 해. 자존감은 남과 비교하지 않고 자신의 모습을 있는 그대로 긍정할 때 높아져.

한 여학생이 만원 지하철에서 내릴 역이 되자 안쪽에서 용기를 내어 소리쳤어 "저 내려야 해요!" 그러자 어떤 일이 벌어졌을까? 홍해가 갈라지듯 인파가 둘로 갈라졌고 여학생은 무사히 내릴 수 있었어.^^

주인은 자신이 원하는 일을 하고
노예는 남이 원하는 일을 한다

만약 그 여학생이 남의 눈치를 보느라 가만히 있었다면 엉뚱한 곳에서 내릴 수밖에 없었을 거야. 적극적으로 자신의 의견을 표현하니까 그 많은 사람들이 길을 열어준 거지.

사실은 나도 남의 눈치를 보며 살았던 시기가 있었지. 그때는 왠지 다른 사람들이 뒤에서 내 험담을 하는 것 같았어. 그럴 땐 남들은 나한테 관심이 없다는 생각을 하면 마음이 편해져. 실제로도 그렇고.

2. 타인에게 상처를 주지 않으려면

2. 본의 아니게 남들에게 상처를 주는 경우가 많습니다. 또 그게 싫어서 작아지는 제 자신이 싫습니다. 어떤 자세를 가져야 할까요?

남들에게 상처를 줬다면 그건 상대의 기분이나 감정을 배려하지 않고 행동했다는 뜻이야. 남의 눈치를 본다는 것은 남의 시선에 따라 움직이는 노예가 되었다는 뜻이고.

그렇다면 남을 배려하면서도 당당할 수 있는 진정한 주인의식이 필요하겠지? 자신의 의견을 당당하게 표현하되 남에게 상처를 주지 않으려면 어떻게 해야 할지에 대한 고민이 필요해.

흔히 '아무 생각 없이 던진 말에 상대가 상처받았다'고들 하는데 아무 생각 없이 말했다는 것 자체가 문제야. 말하기 전에는 항상 생각을 해야 해. 내가 이 말을 하면 상대가 기분이 어떨까, 이것이 어떤 결과를 가져올까 등등.

말하기 전에 충분히 생각한다면 좀 더 당당하게 행동해도 괜찮아. 그건 젊음의 자유고 특권이야. 남에게 상처를 주기 싫다고 혼자서 살아갈 수는 없으니까.

말의 칼에는 손잡이가 없다.

함부로 휘두르면 자기 자신이 다친다

3. 사람들에게 실망을 했을 때

3. 사람에게 한번 실망하면 충격이 너무 커요. 그냥 처음부터 안 믿는 게 나을까요?

지금까지 살아오면서 사람에게 몇 번이나 실망했어? 손으로 꼽을 수 있을 정도지? 하지만 사람들이 나에게 신뢰를 준 적은? 아마 셀 수 없을 정도로 많을 거야. 인간관계는 기본적으로 신뢰를 바탕으로 유지되니까. 사람에게 실망하는 것은 전체 비율로 볼 때 아주 예외적인 경우야.

상대에 대한 믿음을 가지되 기대를 하는 것은 선물을 주고 대가를 바라는 것과 같아. 상대가 내 기대대로 움직여주기를 바라면 그렇지 않을 때 실망감이 들어.

나의 믿음을 상대가 유지시켜 주기를 바라는 마음은 충족될 수도 있고 충족되지 않을 수도 있어. 사람들은 다 내 생각대로 움직여주지 않기 때문이지. 중요한 것은 내 마음이 실망하거나 충격을 받지 않게 하는 거야.

상대를 믿되, 내 의도대로 믿음을 줄 수도 있고, 주지 않을 수도 있다고 생각해야해. 그것이 인간의 마음이기 때문이야. 물론 상대가 나를 이용하려고 달려들 수도 있어. 그래도 조심은 하되 의심은 하면 안 돼. 내가 상대를 믿어야 상대도 나를 믿어. 의심하며 만날 바에는 아예 만나지 않는 것이 나아.

대가를 바라지 않으면

실망도 없다

4. 사회초년생에게 반드시 필요한 꿀팁

4. 사회생활을 할 때 반드시 필요한 팁은 무엇일까요?

사회생활에서 가장 중요한 것은 '배려와 존중'이야.

타인이 힘들고 어려운 상황에 놓였을 때 따뜻한 손을 내미는 것이 배려이고, 다른 사람의 말과 행동을 이해하려는 것이 존중이야.

타인의 말을 무시하고 자신의 생각을 관철시키려 하거나, 타인의 어려움을 나 몰라라 하면 사회생활을 하면서 많은 갈등을 만들어 내거나 고립될 수 있어.

사회 초년생일수록 기본적인 매너가 중요해. 매너의 기본은 '원위치'야. 물통에 물이 떨어지면 물통을 갈아서 다음사람이 이용하기 편하게, 복사기에서 20장 인쇄했으면 복사 후 원상태로 돌려놔야 해.

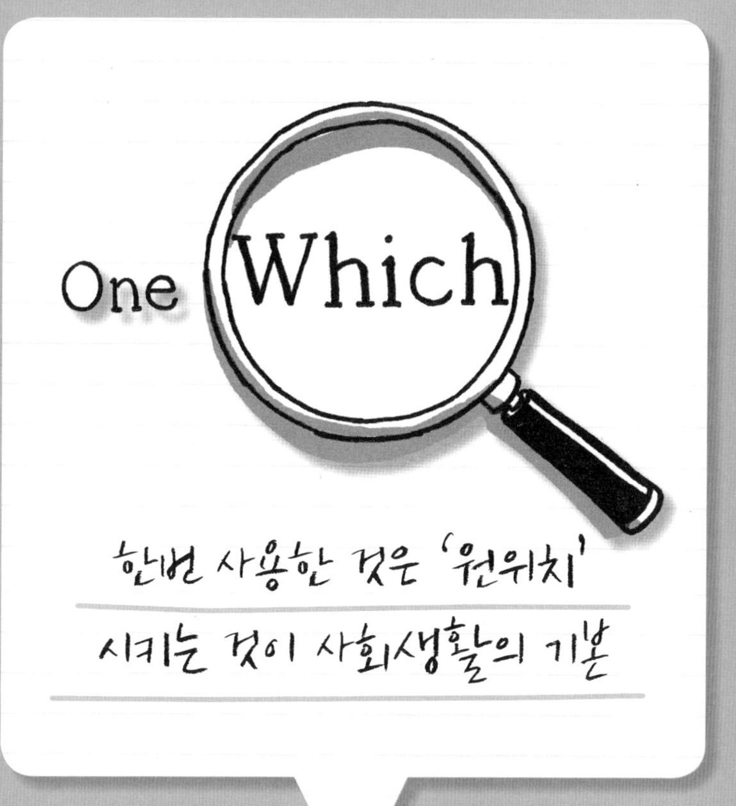

다른 사람들이 이용하기 편하도록 화장실 휴지, 회의실 의자 등을 원위치시키는 것을 습관화해 봐. 사소한 것이 인생을 바꾸기도 하거든. 누가 알아주지 않아도 괜찮아. 그렇게 몸에 배인 습관은 직접 드러나지 않아도 언제나 향기를 발하거든.

기본적인 예절, 규칙을 잘 지키는 것, 내가 맡은 일을 책임감을 갖고 잘 하는 것, 잘못을 인정하고 개선하는 것 등등. 이런 기본적인 것만 잘 지켜도 사회생활을 잘 할 수 있어.

5. 저는 결벽증이 심해요

5. 저는 결벽증이 심해서 사회생활을 할 때 스트레스를 많이 받아요.

결벽증도 결국 마음에서 비롯된 것이기 때문에 먼저 마음을 바꾸는 훈련을 해야 해. 결벽증을 쉽게 없애기는 힘들겠지만 왜 내가 결벽증을 가지게 되었는지를 알면 훨씬 쉬워지지.

어릴 때 개에게 물리면 평생 개에 대한 트라우마가 따라다니듯이, 자신이 어릴 때 겪었던 경험이 아직까지도 영향을 미치고 있는지 파악해 봐야 해.

마음의 상태를 깨우치면 세상에 자신을 괴롭히는 것은 아무 것도 없다는 것을 알게 될 거야. 혼자 해결이 쉽지 않으면 전문가의 상담을 받는 것도 좋아.

결벽증이 있다는 사실을 주위에 알리면 배려를 받을 수도 있어. 스스로 자신의 마음을 이해하고 나아가 남에게 이해시키면 얼마든지 사회생활을 잘 해 나갈 수 있어.

지나치게 깨끗한 물에는

물고기가 살지 못 한다

6. 나만의 일급비밀

6. 가장 가까운 사람에게도 말하지 못할 비밀을 평생 간직하고 살아도 괜찮을까요?

누구든 지키고 싶은 나만의 비밀이 하나쯤은 있는 것이 좋아. 설사 그것이 부끄러운 비밀일지라도 말이야.

털어놓으면 본인은 마음이 편해질지 모르지만 그건 어떻게 보면 상대방에게 비밀을 알면서도 지켜달라는 마음의 짐을 지우는 것일 수도 있어.

또 일단 입 밖으로 나온 비밀은 어떤 경로를 통해서든 세상에 알려지게 되어있어. 설마 그런 걸 바라고 비밀을 털어놓으려는 생각은 아니겠지?

물론 비밀을 혼자만 간직하려면 마음이 불편할 거야. 그럴 땐 그 비밀을 통해 끊임없이 마음을 갈고 닦아 봐. 어쩌면 그것이 내면의 스승 역할을 할 수도 있어.

누구나 '나만의 비밀' 하나쯤은 필요하다

남을 속이기 위한 비밀이라면 곤란하겠지만 때로는 행복한 삶을 살기 위해서 비밀을 묻어두는 것이 좋을 수도 있어. 현명하게 판단하길 바라.

7. 인간관계에서 가장 중요한 것

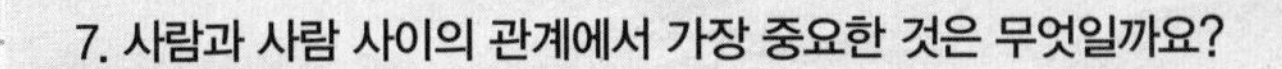

7. 사람과 사람 사이의 관계에서 가장 중요한 것은 무엇일까요?

사람과 사람 사이에서 가장 중요한 것은 '신뢰'가 아닐까? 신뢰가 없다면 어떤 인간관계도 지속되기 힘들지.

'신뢰하다'라는 뜻의 trust에는 '녹슬다'라는 뜻의 rust가 들어있어. 신뢰가 무너지면 상대에 대한 실망으로 마음에 녹이 슬 수밖에 없어.

상대를 신뢰하는 가장 좋은 방법은 스스로 신뢰받는 사람이 되는 거야. 누구든 자신을 믿어주는 사람을 의심할 수는 없을 테니까.

신뢰받는 사람이 되기 위해서는 우선 거짓말을 하지 말아야 해. 성경 말씀에도 있지? 입에서 나오는 것이 뒤에서 나오는 것보다 더러울 수 있다고.

또한 일관적인 태도를 지속하는 것도 중요해. 이익이나 상황에 따라 이리저리 말을 바꾸는 사람은 누구도 신뢰하기 힘들어.

일단 신뢰하기로 했으면 의심하지 말라

변치 않는 사람은 행동을 예측할 수 있고 따라서 신뢰할 수 있어. 반면 쉽게 변하는 사람은 행동을 예측할 수 없고 따라서 신뢰하기 힘들지.

8. 대학친구들은 모두 계산적일까?

8. '대학 친구들은 계산적이라서 오래가지 않는다' 는 말을 어떻게 생각하세요?

그건 편견이야. 내 주위를 봐도 대학친구가 초등학교 동창보다 친한 경우가 많아.

물론 성인이 되어 만난 친구는 어렸을 때 만난 친구보다 친밀도는 떨어질 수 있어. 하지만 삶에 대한 진지한 고민을 나누었던 경험은 또 다른 차원의 친밀감을 형성할 수도 있지.

대학친구들이 계산적일 거라는 편견을 가지기 전에 오히려 자신이 친구들을 계산적으로 대하지는 않았나 생각해 봐. 내가 계산적이지 않으면 좋은 친구를 만날 수 있어. 계산적인 사람도 계산적이지 않은 사람을 좋아할 테니까.

계산적인 만남이란 상대방과 사귀었을 때 발생하는 이익과 손해를 따져보면서 교제하는 것을 말해. 그건 우정이 아니야. 장사지.

나도 대학에 들어가기 전에는 그런 얘기를 많이 들었지만 막상 입학 후에는 좋은 사람들을 많이 만날 수 있었어. 그 때 친구들과 아직까지도 어릴 적 친구처럼 잘 지내고 있지.

9. 팀워크 vs 재택근무

9. 저는 팀워크보다 혼자 일하는 것이 편한데 회사에 잘 적응할 수 있을까요?

사람 인(人)자는 두 사람이 서로 기대고 있는 형상이야. 즉 사람은 다른 사람이 있어야 존재할 수 있는 사회적 존재라는 의미지.

네가 정말로 두려워하는 것은 '팀워크'가 아니라 '인간 관계'가 아닐까? 하지만 인간관계를 두려워해서는 어떤 일도 할 수 없어. 설령 재택근무로 혼자 하는 일이라고 하더라도 그 결과물은 남들과 공유하고 소통해야 의미가 있거든.

우선 혼자 할 수 있는 일과 직장에 출근해서 해야 하는 일을 나누어 봐. 생각을 바꿔서 혼자 일을 할 때는 혼자 해서 좋고, 같이 일을 하면 사람들에게서 배울 수 있어서 좋다고 긍정적으로 생각하는 거지.

내가 원하지 않는 일도 좋아하는 일로 만드는 긍정적인 마인드도 대단한 경쟁력이야. 그러니 같이 일하는 것을 두려워하지 말고, 과감히 도전해 봐.

함께 일하면 성과도 두 배,

기쁨도 두 배

물론 개인주의적인 성향의 사람들에게 다른 사람들과 부대끼는 것은 큰 스트레스일 수 있어. 하지만 그 스트레스를 이겨내면 더 좋은 결과와 기쁨을 얻을 수 있을 거야.

10. 인간관계, 현명하게 선긋기

10. 너무 착하게 굴면 만만하게 대하고 너무 까칠하게 굴면 싸가지 없다고 욕하는데 그 선을 어떻게 그으면 좋을까요?

고정된 선을 그을 수는 없어. 사람 간의 거리는 그 사람의 성격과 수준에 따라 각각 다르게 결정되거든.

다만 어떤 경우에라도 상대를 배려하고 존중하는 마음은 가지고 있어야 해. 그러면서도 당당함과 자신감을 잃어서는 안 돼. 자상하고 당당한 사람을 누가 함부로 대할 수 있겠어?

그러니 착하게 군다, 까칠하게 군다는 생각을 버리고 상대에게 맞추고 배려하면 문제가 없어질 거야. 갈등은 언제나 자기 생각만 고집할 때 발생하는 거야.

얼마만큼 주고 얼마만큼 받을까를 생각하면 아무것도 못 얻고 결국 스트레스만 받아. 찔끔찔끔 잘해주지 말고 아예 과감하게 상대가 바라는 것의 몇 배를 해줘봐. 감동은 그런 때 오는 법이거든.

자신이 맡은 업무를 책임감 있게 완수하고 누군가에게 도움을 주는 태도를 유지하면 그 누구도 너를 만만하게 대하거나 싸가지 없다고 욕하지 않을 거야.

PART 5
가족

1. 너무 바빠서 고향에 가기 힘들어요 2. 부모님의 잔소리에 맘이 상할 때
3. 아버지와 다시 친해지기 4. 우리 아이가 달라졌다면?
5. 자포자기 부모님, 어떻게 할까요 6. 부모와의 싸움은 칼로 공기 베기
7. 엄마에게 찾아온 갱년기 8. 가정에서 벗어나고 싶을 때
9. 부모님의 잣대가 버겁다면 10. 진정한 효도란 독립이다

1. 너무 바빠서 고향에 가기 힘들어요

1. 일이 바쁘다보니 고향에 내려가는 일에 소홀해집니다. 그러면 안 되겠죠?

고향은 삶의 오아시스와 같아. 내가 살아가는데 필요한 에너지를 충전시킬 수 있는 곳이기 때문이지.

고향에 가는 길에, 혹은 고향에 가서 해야 할 일을 하나쯤 만들어 봐. 고향에 가는 김에 그 일도 끝내고 온다고 생각하면 시간이 아깝지 않지.

직접 가기 힘들다면 전화나 문자를 통해서라도 소통의 끈을 놓지 않는 것이 중요해. 일단 소통의 끈이 사라지면 시간이 지날수록 점점 관계를 회복하기가 어려워져.

돌아갈 고향이 있다는 것은 큰 행운이야. 요즘은 도시에서 태어나고 자라서 고향이라는 정서를 모르는 사람들도 많거든. 고향에 내려가는 것을 의무나 일이라고 생각하지 말고 가벼운 마음으로 놀러간다고 생각해 봐. 마치 친구들이랑 엠티를 가는 것처럼.

언제라도 예약 없이 찾아갈 수 있고, 언제 가도 두 팔 벌려 환영해주며, 숙식을 공짜로 제공해 주는 나만의 펜션이 있다면 자꾸만 가고 싶어지지 않을까? 고향에서 환영받을 만한 모습이 되는 것도 좋은 방법이겠지.

2. 부모님의 잔소리에 맘이 상할 때

2. 부모님과 통화를 하면 항상 걱정하는 말씀을 많이 하셔서 맘이 상해요.

부모가 자식 걱정하는 것을 막을 수 있는 사람은 아무도 없어. 100세 노모가 80세 아들에게 차조심 하라고 잔소리 하는 게 부모의 마음이야.

부모의 마음은 바꿀 수 없지만 그것을 듣는 나의 마음은 바꿀 수 있지. 잔소리를 듣고 마음이 불편한 이유는 빨리 그 문제를 해결하려고 마음이 조급해지기 때문이야.

진짜 효도는 부모의 말을 가슴에 깊이 새기되, 부모가 보기에 부끄럽지 않게 나만의 방식으로 사는 거야.

너무 조급하게 부모의 말에 보답하려 하거나 너무 느긋하게 부모의 말을 무시하는 것은 둘 다 옳지 않아. 자신의 페이스대로 살면서 부모의 마음을 헤아릴 줄 알아야지.

부모님의 잔소리를 묵묵히 들어주는 것도 효도

그러기 위해서는 부모에게 내가 정말 잘 살고 있다는 믿음을 주어야 해. 여기에는 어느 정도 시간이 필요할 거야.

학생이라면 성적으로, 직장인이라면 승진이나 성과를 전화로 알려드리면 안심하시겠지. 긍정적인 일들을 많이 만들어봐. 결과뿐만 아니라 과정도 말씀드리는 것이 좋아. 그렇게 신뢰를 쌓아가다 보면 잔소리는 점점 줄어들게 될 거야. 그 전까지는 부모의 잔소리를 묵묵히 들어드리는 것도 효도야.

3. 아버지와 다시 친해지기

3. 어릴 때는 아버지와 친했는데 지금은 관계가 서먹합니다. 아버지와 다시 자연스럽게 가까워지고 싶습니다.

대화가 사라지는 이유는 크게 두 가지야. 하나는 시간이 없는 경우고 다른 하나는 마음이 없는 경우지.

시간은 있는데 마음이 없는 경우라면 어려울 수 있지만 마음은 있는데 시간이 없는 경우라면 방법이 있어. 시간을 만들면 돼.

아버지와 함께 가까운 산에 같이 올라가는 건 어때? 아니면 요즘 많이 있는 둘레길을 같이 걷는 것도 좋을 거 같고. 함께 걸으면 심심해서라도 뭔가 말을 하게 되어있어. 그러면서 자연스럽게 가까워지는 거야.

또는 아버지가 좋아하는 취미를 함께 하는 것도 좋아. 아버지와의 관계도 연애랑 똑같아. 공통된 관심사가 있어야 대화가 이어지거든. 아마 지금 대화가 사라진 이유도 성장하면서 공감할 수 있는 관심사가 사라졌기 때문일 거야.

대화는 사람과 사람을 이어주는 징검다리

심각하고 대단한 것만 이야기하겠다는 생각을 버리고 사소한 일상부터 이야기 해 봐. 자연스럽게 친해지는 순간이 예상보다 빨리 찾아올 거야.

4. 우리 아이가 달라졌다면?

4. 만약 자녀분이 자주 외박을 하거나 도박에 빠져 산다면 어떻게 하시겠습니까?

그렇게 사는 것이 정상적이라고는 할 수는 없겠지. 하지만 무조건 꾸짖을 것이 아니라 우선 그 이유를 잘 들어봐야 할 것 같아.

자녀가 성인이라면 사실 외박은 신경 쓰지 않아. 그건 본인이 알아서 할 문제지. 하지만 약물이나 도박에 빠져있다면 그냥 내버려 둘 수가 없겠지.

스스로의 의지로 멈출 수 없을 정도로 중독이 되어 있다면 더 늦기 전에 진지한 대화를 통해 설득해 보고, 그게 잘 안되면 상담 치료를 받게 할 생각이야.

가야금은 줄이 너무 팽팽해도, 너무 느슨해도 소리가 나지 않아. 문제가 생겼을 때 너무 나무라기만 하거나, 아예 외면하거나 하는 것은 부모의 바람직하지 못 한 태도야.

우리 집 아이가 아니다

마음에 애정을 가지고 무엇이 문제일까 잘 살핀다면 결국 해결할 수 있는 지혜가 나타나리라 믿어.

5. 자포자기 부모님, 어떻게 할까요

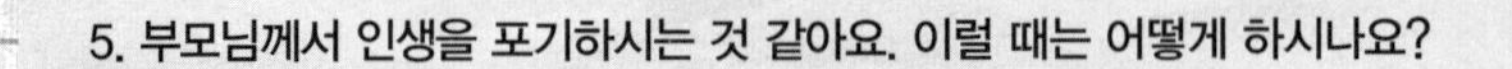

5. 부모님께서 인생을 포기하시는 것 같아요. 이럴 때는 어떻게 하시나요?

사실 나도 살아오면서 포기하고 싶은 상황이 많았어. 그럴 때마다 항상 'always'라는 단어를 떠올렸지.

always라는 단어에 '길'을 뜻하는 way가 들어 있어. 아무리 힘든 상황이라고 하더라도 포기하지만 않으면 항상(always) 어딘가에 길(way)은 숨어있는 법이야.

현대그룹 창업주 고 정주영 명예회장이 젊었을 때의 일화야. 막노동을 끝내고 잠자리에 누우면 하도 빈대가 물어뜯어서 잠을 잘 수가 없었지. 이에 청년 정주영은 꾀를 내어서 나무탁자의 네 다리를 물이 든 세숫대야에 담그고 그 위에서 잠을 잤어. 그런데 어떤 일이 벌어졌는지 알아?

빈대가 벽을 타고 천장에 올라가더니 몸 위로 뛰어내려서 물어뜯더래. 거기서 정주영은 빈대로부터 큰 깨달음을 얻었어. 어떤 일이든 포기하지 않고 시도하면 방법은 있다는 거야.

지금은 100세 시대야. 부모님 연세가 어떻게 되시는지 몰라도 지금부터 해도 늦지 않았어. 다만 연세가 있으시니 젊은이들보다는 더 많은 시간과 노력이 필요할 거야.

나도 약해지는 부모님의 모습을 처음 보았을 때는 큰 충격을 받았어. 자식으로서 무엇을 할 수 있을지 생각해 봐. 나는 가능한 한 부모님과 많은 시간을 함께 보내려고 노력했어.

6. 부모와의 싸움은 칼로 공기 베기

6. 부모님과 싸운 후 가장 좋은 화해 방법은 무엇일까요?

그럴 땐 네가 먼저 대화를 시도하고 잘못을 인정하는 것이 가장 빨라. 그리고 부모의 마음이 가라앉은 후에 다시 그 문제에 관해 진지한 대화를 나눠봐.

물론 대화를 나눌 때 잘못을 지적하고 반박하다보면 또다시 갈등이 나타날 수 있어. 싸우지 말아야지 생각하지만 이야기하다 보면 그게 마음처럼 안 되는 것도 알아.

그럴 때는 차라리 '우리 아버지가 아니다'라고 생각하면 마음이 편해져. 문제를 내가 직접 해결해주거나 개선시키지 않아도 되니까 편하게 들어드릴 수 있거든.

말로 하기 힘들다면 카톡이나 문자를 활용하는 건 어떨까? 다양한 이모티콘들을 사용하면 심각한 이야기도 가볍게 전달할 수 있다는 장점이 있거든. 입이 떨어지지 않을 때는 엄지손가락을 움직여 봐.^^

아무리 복잡한 문제도 실마리만 찾으면 풀 수 있다

부부싸움이 칼로 물 베기라면 부모와의 싸움은 칼로 공기 베기야. 핏줄로 이어져 있는 이상 관계는 분명히 회복될 수 있어. 용기를 가지고 먼저 대화를 시도해 봐.

7. 엄마에게 찾아온 갱년기

7. 엄마한테 갱년기가 왔는지 가끔 예전과 다른 행동을 하세요. 제가 어떻게 해야 엄마를 이해할 수 있을까요?

흔히 갱년기가 왔다고들 하지? 청소년의 사춘기처럼 부모의 갱년기도 호르몬 변화에 의한 것일 가능성이 높아. 이것은 본인도 어쩔 수 없는 생화학적인 변화이기 때문에 주변에서 많이 이해해 줘야 해.

그럴 때는 엄마를 엄마이기 이전에 한 사람의 인간, 한 사람의 여자로 생각해 봐. 자식은 엄마를 엄마로만 보기 때문에 항상 뭔가를 바라기만 하거든.

엄마도 인간이기 때문에 가끔은 엄마노릇이 힘에 부칠 때가 있어. 지금 엄마의 이해하기 힘든 행동들은 그 동안 꾹꾹 억눌러왔던 본연의 모습이 분출되기 시작한 거야.

항상 나를 돌봐주는 엄마로서만 보지 말고, 놀고 싶고 울고 싶은 한 인간이라고 이해해봐. 자식들이 친구 같은 엄마를 바라듯이 엄마도 가끔은 친구 같은 자식이 필요할 때가 있어.

이제는 내가 엄마를 안아드릴 차례

그렇게 폭넓게 엄마에 대해 이해를 하면, 타인에 대한 이해의 폭도 넓어질 거야. 인간은 겉으로 보여주는 모습으로만 살 수 없어. 내면적인 자아를 발견하고 다독여 줘야 해.

8. 가정에서 벗어나고 싶을 때 

8. 저에게 가정은 항상 벗어나고 싶은 곳입니다. 문제를 해결하지 못한다면 그저 버텨야 하나요?

가정에서 벗어나고 싶다고 생각하는 것은 아주 자연스러운 현상이야. 어떤 효자라도 마음 한 구석에는 독립의 욕구가 있거든.

더구나 직장과 달리 가정은 매일 생활하는 곳이기 때문에 벗어나기가 힘들지. 또한 문제가 복잡다단하기 때문에 근본적으로 해결하기 어려운 경우가 많아.

만약 문제를 해결할 수 없다면 준비가 어느 정도 될 때까지만 참고 하루라도 빨리 독립하는 것이 좋아. 자신의 진짜 삶은 그때부터 시작이거든.

하지만 그 전에 그 문제를 개선하기 위해 네가 할 수 있는 일을 모두 시도해 보았는지 먼저 생각해 봐. 만약 없다면 주변 사람들이나 관련 기관을 통해 도움을 받는 것도 좋아.

모든 새는 때가 되면
둥지를 떠난다

9. 부모님의 잣대가 버겁다면

9. 항상 부모님의 잣대에 스스로를 맞추고 있는 나 자신이 싫어요.

일단 부모의 잣대가 무엇인지 생각해 봐. 어쩌면 내가 진정으로 하고 싶은 것을 찾지 못해서 부모의 판단에 의존하는 것일 수도 있으니까.

대안이 없는 상태에서는 아무리 싫어도 그 상황을 벗어날 수는 없어. 내가 하고 싶은 일이 있어야 부모의 잣대를 거절할 명분도 생기는 거야.

결국 문제의 핵심은 부모의 잣대가 아니라 나 자신의 비전이야. 자신이 하고 싶은 바가 명확할 때 그것을 부모에게 말하면 부모는 성장한 자식을 대견스러워할 거야.

어쩌면 지금까지 말 잘 듣던 자식이 갑자기 반항한다고 생각하고 갈등이 일어날 수도 있겠지. 하지만 이런 종류의 갈등은 앞으로 더 성장하기 위해 반드시 겪어야 하는 진통이야.

언제까지 부모님
말씀대로만 살래?

본인의 정체성이 없으면 다른 사람에게 휘둘리게 되어 있어. 부모의 잣대를 참고할 수는 있겠지만 그것이 네 삶을 결정지어서는 안 돼. 네 삶은 네가 살아야 해.

10. 진정한 효도란 독립이다

10. 부모로서 자식이 어떻게 할 때가 가장 좋으세요?

어릴 때 부모에게 효도하는 길은 부모의 말을 잘 듣는 거야. 아직 주체적인 판단력이 미숙하기 때문이지.

그러나 성장했을 때의 효도는 무조건 부모님의 말을 잘 듣는 것이 아니라, 혼자서도 세상을 올바르게 헤쳐 나갈 수 있도록 정신적으로 독립하는 거야.

자식이 힘든 일에 부닥쳤을 때 끝까지 포기하지 않고 도전하고, 주위에 힘든 사람이 있을 때 손을 내미는 모습을 볼 때 부모는 세상에 자식을 내놓은 보람을 느껴.

물질적으로 좋은 것을 사드리는 것만이 효도가 아니야. 정신적인 성숙과 온전한 독립이 부모에게 진정으로 효도하는 길임을 잊으면 안 돼.

건강하게 자신이 하고 싶은 일에 정진하는 모습을 보여드리면서 자주 연락만 드려도 부모에게 그 이상의 효도는 없을 거야.

PART 6
돈

1. 좋아하는 일을 하면서 돈 벌기

1. 돈이 더 중요한가요? 내가 하고 싶은 일을 하는 것이 더 중요한가요?

돈은 내가 하고 싶은 일을 위해 사용되는 도구야. 돈을 벌기 위해 내가 하고 싶은 일을 희생해선 안 돼. 그래서 직장을 구할 때는 월급이 적어도 내가 추구하는 가치를 실현할 수 있는 곳을 찾아야 해.

직장을 단지 돈을 버는 장소로만 생각하면 그곳에서의 인간관계도 소홀해지기 쉬워. 따라서 '돈'을 먼저 생각할 것이 아니라, 어떤 일을 해야 내가 보람을 느낄 수 있는 지를 먼저 생각해야 돼.

좋아하는 일을 선택하면 시간이 지나면서 전문성이 생기고 '돈'도 따라와. 이렇게 하면 돈에 얽매이지 않으면서도 보람 있게 일할 수 있어.

집안이 경제적으로 힘들면 우선 돈을 벌기 위해 직장을 구해야하지. 그럴 때는 언제까지 얼마를 벌겠다는 구체적인 목표를 세우고 그것을 달성하면 원하는 직장으로 옮기는 것도 한 방법이야.

한번을 굴려도
큰 가치를 굴려라

자신의 가치를 높여야 할 때 돈을 벌려고 하면 시간만 많이 들고 돈은 모이지 않아. 그리고 그 사이에 중요한 기회나 사람을 잃게 되지. 가치를 높여서 원하는 직장이나 직업을 갖고 돈이 따라오게 하는 것이 가장 좋은 방법이야.

2. 돈은 정도(正道)껏 벌어라

2. 돈을 많이 벌고 싶습니다. 정도(正道)가 있을까요?

장사하는 사람에게도 '상도(商道)'가 있다고들 하지. '상도'란 금전적인 이익만 남기는 것이 아니라 사람을 남기는 것이 가장 중요해.

돈을 많이 버는 가장 좋은 방법은 내가 돈을 따라가는 것이 아니라, 돈이 나를 따라오게 만드는 거야. 그러기 위해서 이익보다 사람을 남겨야 해.

사람을 남기려면 신뢰를 얻어야 하지. 돈은 사람이라는 파이프를 타고 오거든. 사람으로부터 신뢰를 받으면 돈은 자연스럽게 모이게 되어 있어.

돈이 나를 쫓아오게 하는 또 하나의 방법은 자기 분야에 대해 전문성을 가지는 거야. 그러려면 현재 수준에 안주하지 말고 장인정신을 가지고 자신의 능력을 부단히 향상시켜나가야겠지.

돈만 많으면 돈에 짓눌린다

무조건 돈만 많이 벌겠다는 사람은 버는 과정에서도 문제가 발생하지만, 많은 돈을 번 후에는 오히려 돈 때문에 힘들어질 가능성이 높아.

3. 지금 부자가 되고 싶어요

3. 저는 나중보다 지금 당장 많은 돈을 벌고 싶어요.

가치가 낮은 상태에서는 아무리 일을 열심히 해도 돈을 모으는 데 한계가 있어. 그리고 그 과정에서 많은 시간과 기회를 잃게 돼.

편의점에서 시간당 6천 원씩 8시간씩 아르바이트를 하면 하루에 약 4만 원을 벌어. 주 5일씩 한 달 동안 일하면 80만 원을 벌고 그렇게 10년이면 9천6백만 원을 벌지. 꽤 많아 보이지?

하지만 대학생이 과외아르바이트를 하면 시간당 2만원으로 편의점 알바보다 3배가 넘어. 좋은 대학을 가면 금액이 그보다 더 높아질 거야. 그렇게 10년이면 약 3억 원을 벌지.

그런데 프로강사들은 보통 한 시간에 20만 원정도의 강사료를 받아. 과외의 10배야. 10년이면 약 30억 원을 벌지. 어때? 어마어마하지 않아?

돈을 밑거름삼아 나만의 가치를 싹틔우자

따라서 당장 돈을 벌기보다는 자기의 가치를 높이기 위해 대출을 받아서라도 투자해야 돼. '나의 가치를 높이는 투자 제안서'를 만들어서 부모님께 PT를 해봐. "내가 10배를 갚을 테니까 지금 저에게 투자해 주세요"라고.

네가 하는 일이 누구나 다 쉽게 하는 일이라면 네 가치는 그만큼 떨어지는 거야. 그러니 시간과 노력을 집중해서 너만이 할 수 있는 일을 찾아서 실력을 갈고 닦는 것이 무엇보다 중요해.

4. 돈 많이 버는 일 VS 내가 하고 싶은 일

4. 돈 많이 버는 일 VS 내가 하고 싶은 일

돈만 벌려고 한다면 돈도 벌지 못하고 삶도 망가질 수가 있어. 내가 하고 싶은 일을 열정적으로 해야 가치가 높아지고 돈도 벌 수 있어.

그 과정에서 설령 돈을 잃더라도 가치는 남기 때문에 절대 손해가 아니야. 무조건 하고 싶은 일을 해야 돼. 그 대신 아주 열정적으로 해야 돼.

하지만 하고 싶은 일은 대부분 돈 버는 일과는 거리가 멀 때가 많아. 현실적인 부분도 완전히 무시할 수는 없지.

그럴 땐 네가 하고 싶은 일의 시장규모는 어떻고 보수는 어떤지, 전망은 어떤지에 대한 조사를 해두면 진로를 정할 때 많은 도움이 될 거야.

B U $ ¥

W Ø R R ¥

돈만 추구하면 항상

busy하고 worry한다

물론 자기가 하고 싶은 일에 뛰어난 능력을 갖추고 있다면 돈도 많이 벌 수 있어. 그러기 위해서는 본격적으로 사회에 나가기 전에 학교에서 충분히 실력을 쌓아두어야 해.

5. 절약이냐? 소비냐?

5. 엄마, 아빠의 돈에 대한 생각이 너무 달라요. 엄마는 절약해야 한다고 하고 아빠는 일단 쓰고 보자는 주의라 어떤 것이 옳은지 헷갈려요.

부모의 생각이 다른 것이 오히려 다행일 수도 있지. 나에게 맞는 것만 받아들여서 내 것으로 만들면 되니까.

나는 금융기관에서 30년 가까이 근무하면서 돈과 관련해 무수히 많은 사람들을 만나 보았어. 돈은 얼마를 버느냐보다 어떻게 관리하느냐가 더 중요해.

무조건 절약하는 것도, 무조건 쓰는 것도 옳은 것은 아니야. 나의 가치를 높이는 일에는 큰 금액이라고 하더라도 과감하게 쓰고, 사치나 낭비에 들어가는 돈은 10원짜리 하나라도 아껴야겠지.

부자들은 지갑에서 돈이 들어오고 나갈 때마다 마음속으로 인사를 한다고 해. 돈이 나갈 때는 '돈아 네가 지금은 이렇게 나가지만 더 큰 가치로 돌아오길 기다릴게.', 돈이 들어올 때는 '돈아 이렇게 다시 보게 돼서 반갑다. 우리 앞으로도 오래오래 같이 다니자.' 이런 식으로 말이야.

돈은 꼭 쓸 때만

계획성 있게!

오버하는 것 같다고? 그게 바로 부자와 보통 사람의 차이야. 돈에 애정을 갖고 꼭 필요한 곳에 쓰이는지 아닌지를 매번 체크한다면 효율적으로 돈을 관리할 수 있을 거야.

6. 영화 속 부자가 악당인 이유

6. 영화나 드라마에서 보면 부자들은 항상 나쁜 역할로 나오는데 부자가 되면 정말로 그렇게 변하나요?

그건 미디어가 흥행을 위해 만들어낸 이미지에 불과해. 관객의 대다수를 차지하는 서민들의 보상심리를 충족시켜주어야 하거든.

예를 들어 지나치게 외모가 뛰어난 사람이 있으면 흔히들 성격은 도도하고 못됐을 거라고 생각하잖아? 그럼으로써 '나는 저렇게 잘 생기지는 않았지만 인간성은 끝내주지.'하고 자기위안을 얻는 거지.

혹시 명문대학을 간 사람들은 공부는 잘하지만 성격은 이기적일 거라고 생각해 본적 없어? 실제로 이야기도 안 해 보고 말이야. 하지만 실제로는 성적이 우수한 학생들이 마음 씀씀이도 훈훈한 경우가 많아.

부자도 마찬가지야. 선악과 돈은 별개의 문제야. 부자이면서 못된 사람도 일부 있지만 부자이면서도 착한 사람도 생각보다 많아.

부자악당은 영화 속

이미지일 뿐이다

그러니까 영화가 만들어 놓은 선입견에 지배당하지 말고 누가 뭐래도 나만은 착하고 멋진 부자가 되겠다고 목표를 세우는 것이 좋아.

7. 친구 사이 돈거래, Don't 거래

7. 어른들이 친구와는 돈거래하지 말라고 하는데 왜 그런가요?

돈을 빌려주는 사람의 마음과 빌려가는 사람의 마음은 같지 않아. 빌려준 사람은 계속 그 일에 대해 신경을 쓰는데 빌려간 사람은 당장 급한 불만 끄면 잊어버리는 경우가 많거든.

사실 돈의 액수가 중요한 것이 아니라 그럴 때마다 느끼게 되는 사람에 대한 실망감 때문에 친구 사이에 돈거래는 하지 말라고 하는 거야.

'나는 없는 형편에 무리해서 돈을 빌려주었는데 저 친구는 나를 이 정도로밖에 생각하지 않는구나'하는 생각이 들면 자연스럽게 우정에도 금이 가지.

따라서 돈을 빌려 줄 때는 아예 준다고 생각하고, 없어도 되는 금액만 빌려주는 게 좋아. 돌려받을 기대를 하지 않으면 실망할 일도 없지.

만약 친구에게 돈을 빌릴 때는 최대한 빨리 갚으면서 밥을 한 끼 산다든지 작은 선물로 성의를 표시하는 게 좋아. 가까운 사이일수록 돈과 관련해서는 예절을 지켜야 해.

특히 갚기로 한 날짜는 목숨을 걸고 지켜야 해. 도저히 불가피한 경우는 먼저 연락을 해서 충분히 양해를 구해야 하지. 돈으로 신뢰를 쌓기는 힘들어도 돈으로 신뢰를 잃기는 너무나도 쉬워.

8. 정승같이 벌어서 왕같이 써라

8. 돈을 많이 벌어서 나중에 좋은 일을 하는 것이 맞나요? 좋은 일하면서 천천히 돈을 버는 것이 맞나요?

가장 이상적인 것은 좋은 일 하면서 빨리 많은 돈을 버는 거야. 하지만 현실은 그렇게 녹록지 않지.

'개같이 벌어서 정승같이 쓴다'는 말이 있지? 대개의 사람들은 궂은 일을 해서 돈을 번 후에 나중에 좋은 일에 쓰려고 해. 하지만 막상 그때가 되면 그동안 고생한 게 아까워서 좋은 일에 잘 쓰지 못하지.

이제는 발상의 전환이 필요해. '정승같이 벌어서 왕같이 쓴다'는 마음으로 돈을 벌면 돈을 버는 과정에서도 존중을 받을 수 있고 돈을 쓸 때는 존경을 받을 수 있어.

예전에 주식재벌 워런 버핏과 함께 4시간 식사를 하는 식사권 경매가가 40억 원까지 올라간 적이 있었어. 어마어마하지?

하지만 2006년 버핏은 전 재산의 86%인 32조 원을 빌 게이츠 재단에 기부했다고 하니 그야말로 정승처럼 벌어서 왕처럼 쓰는 거지.

미국의 철강왕 앤드루 카네기는 "부자로 죽는 것은 부끄러운 일"이라며 미국에 무려 2천 곳이 넘는 도서관을 지었지. 미국이 세계 최강대국이 된 배후에는 이런 위인들의 통 큰 기부가 숨어있어. 부디 이런 위인들의 삶을 본받기를 바랄게.

9. 독립하기 딱 좋은 나이란?

9. 미국처럼 부모님으로부터 경제적으로 빨리 독립하는 게 나은가요? 아니면 부모님의 도움으로 가치를 높여서 돈을 번 후에 효도를 하는 것이 나은가요?

가능하다면 경제적인 능력을 빨리 확보해서 독립하는 것이 부모나 자녀가 서로의 인생계획을 세우기가 좋아. 자녀의 독립이 늦어지면 그것 때문에 부모의 인생계획도 불투명해져. 자칫하면 다 큰 자녀의 뒷바라지를 하느라 평온해야 할 노후마저 흔들릴 위험이 있지.

그러나 아무런 준비 없이 덜컥 독립을 하게 되면 가치를 높여야 될 때 돈을 버는 상황이 될 수도 있어. 그럴 때는 대출을 받아서라도 가치를 높이는 일에 투자하는 것이 맞아.

또는 여건이 된다면 부모의 여유자금을 활용해서 빨리 높은 차원에 도달 할 수 있지. 시간당 몇 천 원짜리 아르바이트를 해서 자신에게 투자하기에는 시간이 너무 오래 걸려.

오죽하면 취업사이트에서 직장인을 상대로 한 설문조사에서 소위 '금수저'의 조건 1순위가 '부모의 재력'이겠어. 참고로 2위는 '학벌'인데 요즘은 학벌마저 부모의 재력에 좌우되는 경향이 있어.

경제적 독립은 너무 빠르지도, 너무 늦지도 않게

부모의 도움을 받아서라도 빨리 자신의 가치를 높이고 그 후에 은혜를 갚는 것이 현실적으로 맞을 것 같아. 그렇다고 무조건 부모에게 빌붙으라는 의미는 아닌 것 알지? 돈과 시간을 부모로부터 대출받았다고 생각하고 매 순간 자신의 가치를 높이는 데 최선을 다해야 해.

10. 돈으로부터 자유로울 수는 없나요?

10. 돈으로부터 자유로울 수는 없나요?

수많은 자유 중에 진정한 자유는 경제적 자유밖에 없다는 말이 있어.

자유란 옵션, 즉 선택권의 증가를 의미해. 자유로운 사람은 선택권이 넓고 부자유스러운 사람은 선택권이 좁지. 그런데 대부분의 선택권은 돈과 관련되거든.

예를 들어 부유한 사람은 고를 수 있는 점심식사 종류가 많아. 비싼 음식도 마음만 먹으면 먹을 수 있으니 선택권이 넓은 거지. 반면 가난한 사람은 고를 수 있는 점심식사의 종류가 한정되어 있어. 지갑 속의 돈에 맞춰서 선택권이 줄어든 거지.

하지만 돈만 추구하다보면 오히려 돈 때문에 부자유스러워질 수도 있어. 돈을 버느라 먹고 싶은 것도 못 먹고 놀고 싶은 것도 못 놀다가 청춘을 다 보내고 어느새 황혼만 남는 거지.

돈으로부터의 자유란 절대적인 개념이 아니라 상대적인 개념이야. 돈을 버는 것과 지금 이순간을 누리는 것을 적절하게 조화해서 매순간 선택권을 극대화하는 것이야말로 돈으로부터 자유로울 수 있는 방법이야.

그러기 위해서는 자기 마음속의 기대치와 욕심을 잘 다스려서 만족의 기준을 적절하게 설정해야 해. 만족감이란 외적인 조건과 내적인 기대치가 일치할 때 발생하거든.

1. 순진과 순수의 차이 2. 우울증을 극복하는 방법
3. 어떤 게 진짜 '나' 일까? 4. 명상으로 마음 챙기기
5. 초라할 땐 바닥을 찍어라 6. 장점, 행동으로 말해요
7. 화는 삼키지 말고 뱉어라 8. 짬뽕이냐? 짜장면이냐?
9. '이것'만 바꾸면 질투가 사라진다 10. 꾸미는 여자보다 꿈 있는 여자가 아름답다

1. 순진과 순수의 차이

1. 친구는 자기의 이익에 민감해하는데 저는 친구와 돈 문제가 있어도 괜한 갈등을 만들기 싫어서 얘기를 안 꺼냅니다. 저처럼 순진하게 사는 게 옳은 걸까요?

순수한 것과 순진한 것은 달라. 유리잔에 맑은 물이 가득 채워져 있는 것이 '순수'라면, 텅 비어있는 것은 '순진'이야.

순수는 물이 가득 채워져 있어서 잡된 것이 들어가지 못하거나, 들어가도 곧 맑게 정화가 돼. 그러나 순진은 속이 텅 비어 있어서 깨끗한 물이 담길 수도 있고 더러운 물이 담길 수도 있어.

그래서 순진하기만 하면 상대에게 물들거나 이용당하기 쉬워. 그러나 순수한 사람은 굳은 의지를 가지고 부정한 것과 타협하지 않지.

순진하면 나와 주변사람들이 다 힘들지만 순수하면 나도 당당하고 상대도 나를 함부로 대하지 못해. 그러니 순수한 마음을 지니도록 훈련하는 게 중요해.

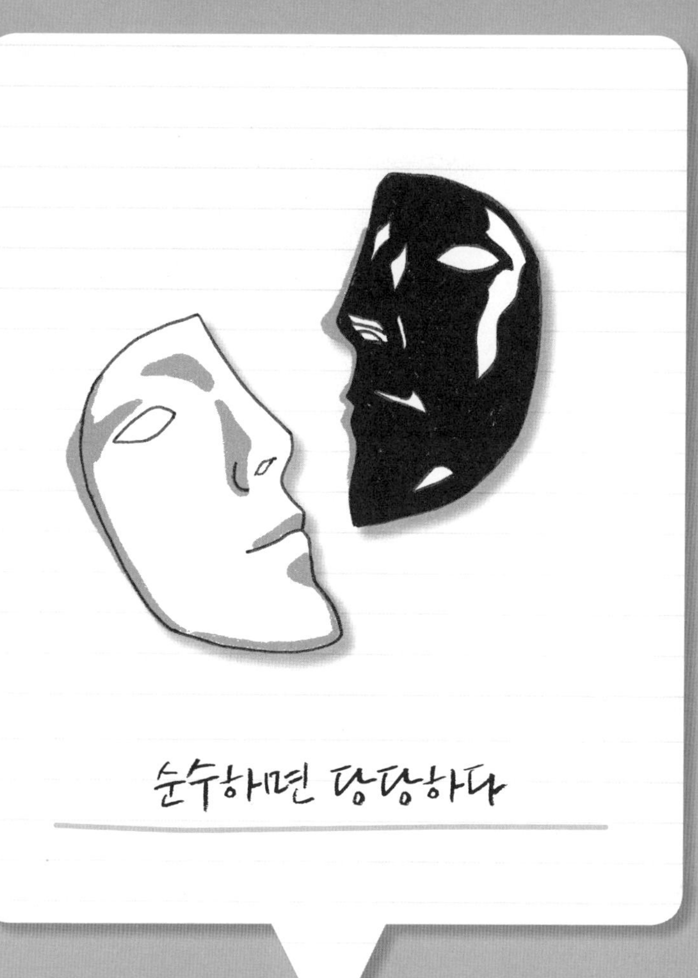

순수한 사람은 아닌 건 아니라고 단호하게 말할 수 있어. 갈등을 무조건 피하려고만 하지 말고 어떻게 행동하는 것이 옳은 지를 먼저 생각해 봐.

2. 우울증을 극복하는 방법

2. 저는 자주 우울증에 빠지곤 하는데 '우울하지 않은 척' 하는 것이 필요할까요?

우리가 흔히 말하는 우울증의 정식 명칭은 '우울장애(Depressive Disorder)'야. 우울증 환자의 2/3가 자살을 생각하고 그 중 실제로 10~15%가 자살을 시도한다는 무서운 병이지.

단순히 기분적인 문제가 아니라 신경전달물질인 세로토닌의 분비 억제와 관련된 '질병'이기 때문에 전문의로부터 정확한 진단과 처방을 받는 것이 좋아. 실제로 약물치료만으로 좋아지는 사례도 많거든.

생화학적인 요인 외에도 유전적인 요인과 환경적인 요인이 있는데 어떤 경우든 혼자 힘만으로 버티는 건 위험해. 그렇게 해결되기 쉬운 문제라면 왜 수십 년 동안 수많은 의사들이 우울증을 연구해 왔겠어?

우울장애는 악화될수록 무기력증에 빠질 수 있기 때문에 초기에 전문가의 진단을 받는 것이 무엇보다 중요해. 우울한데도 자꾸 괜찮은 척 감추면 어느 순간 곪아서 터질 수가 있어.

우울함은 밖에서 말리자

또 정신과 육체는 밀접한 관련이 있기 때문에 많은 전문가들은 운동이 우울 증상을 감소시킨다고 보고 있어. 걷기, 조깅, 수영 등 몸을 움직이는 활동을 하면 우울한 감정을 많이 극복할 수 있을 거야.

3. 어떤 게 진짜 '나' 일까?

3. 속해 있는 집단마다 나를 다르게 봐요. 어떤 게 진짜 '나' 일까요?

고정된 '진짜 나'라는 건 존재하지 않아. '나'라는 존재는 순간 순간 타오르는 촛불과 같아. 촛불이 겉으로 보기엔 똑같아도 매순간 새로운 연료와 공기로 새롭게 타오르는 것처럼 나 역시 매순간 세포가 바뀌고 생각이 바뀌고 새로운 존재로 태어나고 있지. 그래서 불교에서는 '무아(無我)'를 주장해. '무아'란 자아가 아예 없다는 게 아니고 고정된 자아가 없다는 의미야.

집단에 속해 있는 역할도 마찬가지야. 누구나 소속된 집단에 따라 여러 가지 역할을 수행하고 있어. 집에서는 자식이고, 학교에서는 학생이고, 일터에서는 알바생이지. 그 중 어느 하나가 '진짜 나'가 아니라 그 역할들이 모두 합쳐져서 온전한 하나의 나를 이루는 거야.

만약 이 중 어느 하나만을 '진짜 나'라고 생각하면 갈등과 고민이 생겨. 유능한 여자가 '나는 직장에서 잘 나가는 과장이고 곧 부장 승진도 앞두고 있는데 집에서 살림이나 하고 있을 순 없어.'라고 생각한다면 틀림없이 남편이나 자식과 갈등이 생길거야.

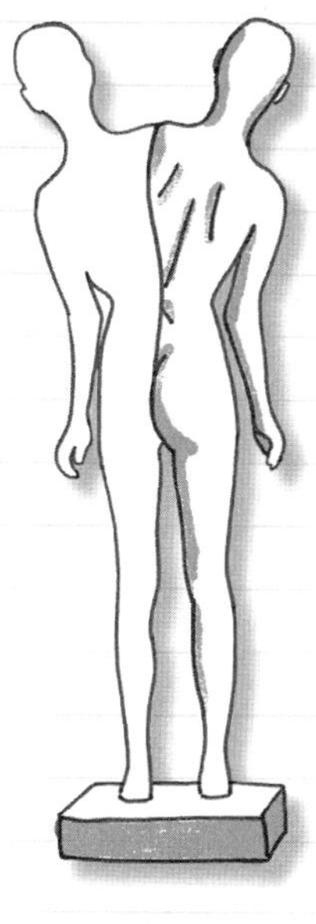

부분 '나'의 총합 = 전체 '나'

각각의 '나'를 모두 진짜 '나'라고 생각하고 각각의 집단에서 요구하는 역할에 충실하면 돼. 진짜 나는 가상의 나와 분리되어서 다른 곳에 존재하는 것이 아니야. 지금 여기 있는 순간 순간의 내가 '진짜 나'야. 이런 자각이 있어야 현실에서 도피하지 않고 매순간을 충실하게 살 수 있어.

4. 명상으로 마음 챙기기

4. 저는 성격이 기분파인데 행동에서 너무 드러나요. 좀 감출 수 있는 방법이 있을까요?

기분이 너무 들떠 있을 때는 '명상'을 해서 마음을 가라앉히는 것이 좋아. 명상의 역사는 대략 3천 년 정도로 지금까지 알려진 수행법만 해도 1천 가지가 넘어.

그 중에서 '위빠사나 명상'이라는 것은 자신의 호흡에 집중하면서 다른 잡념들을 없애는 것을 말해. 부처 역시 위빠사나 명상으로 깨달음을 얻었고 일상생활 속에서 비교적 쉽게 할 수 있기 때문에 가장 대중화되어 있는 명상법이지.

위빠사나 명상은 '마음챙김 명상'이라고도 하는데 '지금 여기'에 깨어있는 것을 말해. 우선 조용한 공간을 찾아 편안하게 앉아서 자신에게 일어나는 모든 감각의 느낌을 관찰해 봐. 주변의 잡음이나 자신의 숨소리 등은 굳이 듣지 않겠다는 생각도 하지 말고 그냥 들리게 놔 둬. 그저 자신에게 떠오르는 모든 감각과 생각을 관조하는 거야.

들뜬 마음은 명상으로 다스려라

이렇게 몇 분을 하면 마음이 차분하게 가라앉아. 이때부터는 이 넓은 우주에 오직 나와 호흡만이 존재한다는 생각으로 들숨과 날숨에 의식을 모으는 거야. 이때 출근, 가족, 연인 등등 온갖 잡념들이 떠오를 텐데 그럴 땐 그냥 '잡념이 드는구나'하고 무시하면 저절로 사라지지.

이렇게 위빠사나 명상을 꾸준히 하다보면 나중에는 호흡 말고는 어떤 것도 남지 않는 행복한 상태가 되는 데 그것을 불교에서는 '삼매(三昧)'라고 불러. 비록 그 정도 경지까지 가지는 못하더라도 하루에 5분씩만이라도 꾸준히 하면 들떴던 마음이 많이 가라앉을 거야.

5. 초라할 땐 바닥을 찍어라

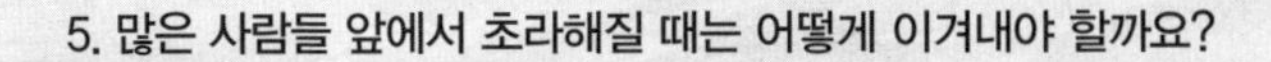

5. 많은 사람들 앞에서 초라해질 때는 어떻게 이겨내야 할까요?

'초라함'이라는 감정은 사람들로부터 오는 것이 아니야. 나의 내면에서부터 오는 것이지. 따라서 자신감이 있는 사람은 난감한 상황에서 초라함을 느끼는 것이 아니라 어떻게든 문제를 해결하려고 생각하지.

초라함을 느끼는 이유 중의 하나는 기대치가 너무 높기 때문이야. 예를 들어 많은 사람들 앞에서 말을 했을 때 스스로 설정한 기대치에 비해 자신의 수준이 낮다고 느껴지면 초라함을 느끼게 되지.

기대치를 낮추면 오히려 당당해지고 힘이 생겨. 물에 빠지면 모든 것을 놓고 쭉 내려가서 발이 바닥에 닿는 순간부터 탄력을 받지. 바닥으로 내려갈수록 상승할 기회와 폭이 커지는 거야. 기대치를 낮추고 내려가서 다시 솟아올라봐.

무대공포증에 시달리던 사람이 잠시 '자신을 내려놓고' 무대 위에서 마음껏 망가진 후에는 오히려 무대체질로 변하는 경우가 많아. 곤란한 상황을 당했을 때 스스로를 초라하다고 생각하지 말고 어디서도 얻을 수 없는 독특한 경험을 하는 중이라고 생각해 봐. 소위 '쪽팔림'은 잘만 활용하면 강력한 동기부여가 될 수도 있어.

나만 내편이면

세상이 다 내편이다

6. 장점, 행동으로 말해요

6. 저의 장점을 어떻게 표현할지 모르겠어요.

장점을 표현하려면 우선 자신의 장점이 무엇인지부터 알아야 해. 내가 잘하는 것이 무엇인지 종이 위에 가능한 한 많이 써봐. 그 중에서 남들과 차별화되는 가치를 선별해야지.

장점이 무엇인지 알았다면 그것을 효과적으로 표현해야 해. 흔히 표현은 말로만 한다고 생각하는데, 장점을 표현하는 가장 효과적인 표현은 행동이야. 백번 말하는 것보다 한번 행동하는 게 낫지.

한 구직자가 어떤 회사에 면접을 보러갔대. 심사관이 본인의 장점이 무엇이냐고 묻길래 딱히 생각나는 것이 없어서 그냥 '에너지를 절약합니다'라고 대답했대. 심사관이 쓴웃음을 짓길래 이번에도 틀렸구나 했는데 나중에 최종합격 통지를 받았대. 왜냐고? 나갈 때 면접실 불을 끄고 나갔거든.^^

이처럼 행동에는 강력한 설득력이 있어. 그러니 너의 장점이 있다면 그것을 행동으로 입증해 봐. 아무리 사소한 것이라도 좋아. 너의 장점으로부터 도움을 받은 사람들은 그것을 결코 잊지 않고 주변에 너를 홍보해 줄 거야. 그게 바로 '평판'이라는 거지.

Who Am I?

나만의 장점은 무엇일까?

너의 장점을 공식적으로 인정받을 수 있는 행사에 참여하는 것도 좋아. 예를 들어 미술쪽에 재능이 있다면 컴퓨터그래픽 관련 자격증을 딴다든지, 디자인 공모전에 출품한다든지, 카페를 빌려서 저렴하게 전시회를 연다든지, 작품집을 인쇄해서 나누어 줄 수도 있겠지. 객관적인 데이터가 있다면 처음 만난 사람에게도 너의 장점을 입증하기가 쉬워져.

7. 화는 삼키지 말고 뱉어라

7. 속상하면 자꾸 마음속으로 삼키게 되는데 이걸 어떻게 풀어야 하나요?

상처를 자꾸 감추면 결국 곪아서 터지게 돼. 마음도 마찬가지지.

속상한 일을 마음속에 꼭꼭 동여매고 있으면, 어떤 계기를 만나면 폭발하게 되지. 속상하고 불편한 마음은 날마다 집안을 청소하는 것처럼 매일 조금씩 비워내야 해.

여기에는 두 가지 방법이 있어. 하나는 가까운 친구에게 마음을 털어놓고 진심으로 이해받는 것이고, 다른 하나는 내 마음을 상하게 한 그 사람을 깊이 이해하는 거야.

날 속상하게 한 사람이 그렇게 행동했던 이유가 무엇인지 근본에서부터 따지고 들어가면 전혀 몰랐던 부분을 알게 돼. 예를 들어 나에게 상처를 줬던 선배가 알고 보니 그 날 집에 안 좋은 일이 있었다든지 등등. 미처 몰랐던 면을 알게 되면 상대를 이해할 수 있게 되고 속상한 일도 눈 녹듯이 사라지지.

가끔은 화를 참지 말고 터뜨리는 것도 좋은 방법이야. 속담에 무는 개는 한번 더 돌아본다는 말이 있어. 부당한 대우를 받았을 때 적절하게 화를 내면 사람들이 함부로 대하지 못 하거든.

여기서 무엇보다도 타이밍이 중요해. 화는 적재적소에 터뜨려야 내 속도 후련하고 사람들의 공감을 얻을 수 있어. 그런데 이런 표현에 서투른 사람은 꾹꾹 참았다가 전혀 엉뚱한 타이밍에 터뜨리곤 하지.

예를 들어 직장에서 받은 스트레스를 집에서 푼다든지, 상사에게서 받은 모욕을 후배에게 그대로 되풀이한다든지, 윗사람의 야한 농담을 평소에 꾹꾹 참았다가 별 것 아닌 농담에 크게 화를 낸다면 결국 본인만 손해야. 화를 적절한 타이밍에 내는 것도 꼭 필요한 사회적 기술이야.

8. 짬뽕이냐? 짜장면이냐?

8. 저는 결정장애가 심해요. 확고하게 한 가지를 딱 결정하는 방법은 뭐가 있을까요??

짬뽕이냐 짜장면이냐? 물냉면이냐 비빔냉면이냐? 탕수육 소스를 부어 먹을 것이냐 찍어 먹을 것이냐? 영원히 풀리지 않는 인류의 숙제라고 할 수 있지.^^

세상에 결정장애를 겪지 않는 사람은 없어. 신속하게 결정을 내리는 사람일지라도 단지 그렇게 보일 뿐 속으로는 고심을 거듭한 경우가 많아.

결정을 잘 못 내리는 가장 큰 이유는 두려움 때문이야. 결정을 한 후 닥쳐오거나 해야 할 일에 대해 두려움 때문에 쉽게 결정을 내리지 못하는 거지.

그것은 실패에 대한 두려움이야. 실패하면 다시 기회가 오지 않을까봐 두려운 거지. 그러니 실패에 대한 생각을 바꿔야 해. 실패에서 상처를 받는다고 생각하지 말고, 배움을 얻는다고 생각해 봐.

우유부단한 성격은 중요한 기회를 놓치는 경우가 많아. 섣부른 결정에 따른 실수에서는 교훈을 얻을 수 있지만, 놓쳐버린 기회에 따른 실수에서는 후회밖에 남지 않아. 가끔은 마음이 가는 대로 지르는 것도 좋아. 젊을 때는 패기가 신중함보다 중요한 미덕이야!

9. '이것'만 바꾸면 질투가 사라진다

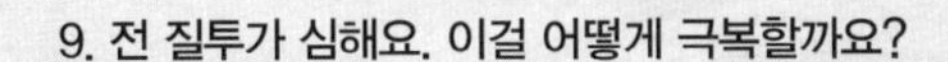
9. 전 질투가 심해요. 이걸 어떻게 극복할까요?

'질투'와 '인정'의 차이는 자존감의 유무에서 비롯돼. 나보다 잘난 사람을 보았을 때 질투를 하는 사람은 자존감이 낮아. 스스로의 수준을 낮다고 생각하기 때문에 나보다 높아 보이는 사람을 내 수준으로 낮추어야 마음이 놓이는 거지.

반면 나보다 잘난 사람을 보았을 때 인정을 하는 사람은 자존감이 높아. 스스로의 수준도 높다고 생각하기 때문에 상대의 수준을 인정하고 자신도 언젠가 그 수준에 오를 것을 다짐하는 거야.

따라서 질투심을 없애려고 노력할 것이 아니라 스스로의 수준을 높여서 자존감을 되찾으려고 노력해야 해. 여기에는 많은 시간과 노력, 축적된 성공 경험이 필요해. 많은 사람들이 인정보다 질투를 택하는 이유는 남을 끌어내리기는 쉽지만 자신이 올라가기는 어렵기 때문이야.

내가 없는 것을 상대가 가지고 있다고 해서 열등감을 느끼지 말고, 상대가 없는 것을 내가 가지고 있는 것에 대해 살펴봐. 그러면 의외로 자신이 가지고 있는 장점이 많다는 것을 알게 될 거야. 높은 자존감은 여기서 시작되지. 남들과 비교하지 않으면 질투는 자연스럽게 사라져.

남과 비교하지 않으면 질투도 사라진다

항상 내가 세상의 중심이라고 생각하고 나 스스로를 사랑하면 자존감이 회복돼. 나도 어렸을 때는 열등감이 많았는데, 성장하면서 스스로의 모습을 있는 그대로 인정하자 열등감이 사라졌어. 그러고 나니까 사람들을 대할 때도 당당해지고 사람들이 날 대하는 태도도 달라지더라구.

10. 꾸미는 여자보다 꿈 있는 여자가 아름답다

10. 저는 못 생긴 외모가 콤플렉스예요.

꾸미는 여자보다 꿈 있는 여자가 아름다워. 어깨가 넓은 남자보다 마음이 넓은 남자가 멋있고.

꿈이 있고 마음이 넓은 사람은 그 자체로 빛이 나. 그건 결코 외모에서 나오는 빛에 비할 것이 아니야. 외모에서 나오는 빛은 시간이 지날수록 사라지지만 내면에서 나오는 빛은 시간이 지날수록 빛을 발하거든.

외모 콤플렉스는 비교를 통해 생겨. 옛날에는 학교나 동네 친구하고만 비교하면 됐는데, 요즘은 미디어가 발달해서 자꾸 연예인이랑 자신을 비교하게 돼. 그러니 자신이 초라하게 느껴질 수밖에 없지. 걔들은 수천 대 일의 경쟁을 뚫고 선발된 애들인데 어떻게 외모로 경쟁이 되겠어?

외모를 바꾸는 일은 쉬워. 우리나라는 성형기술이 발달해서 3개월이면 전혀 딴 사람이 되기도 하지. 정말로 외모가 콤플렉스라면 의느님(?)의 손을 빌릴 수도 있어. 하지만 그렇게 남들과 똑같이 됨으로써 얻을 수 있는 아름다움이 진정한 아름다움일까?

꾸미는 여자보다
꿈 있는 여자가 아름답다

외모에 신경 쓰는 것의 10분의 1만이라도 내면에 신경써봐. 내면에 신경 쓰는 사람이 많지 않기 때문에 그렇게 하는 것만으로도 경쟁력을 가지게 돼. 얼굴을 성형하면 10년을 가지만 마음을 성형하면 100년을 갈 수 있어. 얼굴이 가난한 것보다 마음이 가난한 것을 부끄러워해야 해.

PART 8
자기계발

1. 시간 관리하는 팁

1. 시간 관리하는 팁을 좀 알려주세요.

시간을 관리할 수는 없어. 우리의 행동을 관리할 수 있을 뿐이지. 그러기 위해서는 프랭클린 다이어리 같은 일정관리 수첩을 활용하는 것이 좋아.

하루나 일주일의 일정을 미리 꼼꼼히 적고 그것을 실행하면서 하나씩 지워나가면 마음이 다 후련해지지. 일정을 성취할 때마다 자신을 격려하는 의미로 하트를 표시하면 뿌듯한 기분이 들 거야.

나는 노는 일정을 먼저 잡고 그 안에 업무는 어떻게든 책임지고 완수하는 식으로 일정을 관리해. 대개 열심히 일하다 시간이 남으면 놀아야지 하는데, 그렇게 하면 일도 제대로 못 하고 노는 것도 제대로 못 해. 차라리 노는 일정 먼저 잡아놓고 밤을 새서 일을 끝내면 두 마리 토끼를 모두 잡을 수 있어.

내가 정말 좋아하는 애인과의 약속시간에 맞추어야 한다면 그 간절함 때문에 일을 빨리 끝마칠 수 있어. 노는 일정을 잡아 놓는 것이 집중해서 열심히 일하는 것에 대한 일종의 보상인 셈이지.

시간은 관리되지 않는다.

행동을 관리할 뿐

중간마감을 설정하는 것도 도움이 될 거야. 일주일 뒤에 데드라인을 잡아놓아도 어차피 일의 대부분은 그 전날 이루어지거든. 그럴 바에야 아예 3일 뒤를 중간마감으로 잡아놓으면 더 빨리 일을 끝내고 여유시간을 가질 수 있지. 마감효과를 잘 활용하면 누구나 슈퍼맨이 될 수 있어.

2. 아르바이트 vs 공부

2. 아르바이트를 해서 용돈을 버는 것과 그 시간에 공부를 하는 것 중 어떤 것이 더 중요할까요?

아르바이트를 할 상황이면 아르바이트에 집중하는 게 좋고, 공부만 해야 할 상황이면 공부에 몰입하는 게 좋지.

좀 더 지혜를 발휘한다면 아르바이트와 공부가 연결되도록 할 수도 있어. 예를 들어 영문과 학생이라면 아르바이트로 영어과외를 하는 것처럼 말이야.

아르바이트를 하며 인생 경험을 쌓는 것도 중요한 공부이기 때문에 아르바이트를 공부와 대립적인 것으로 보거나 소모적인 것으로 보는 생각은 옳지 않아.

히말라야의 정상은 구름이나 눈 때문에 산 아래에서는 보기가 매우 힘들어. 그런데 등반을 끝내고 비행기를 타고 올 때 보면 6천m 이상 봉우리들이 구름을 뚫고 찬란하게 빛나고 있어. 기후의 영향을 전혀 받지 않는 거야. 사람도 일단 자신의 가치가 높아지면 경쟁의 영향을 받지 않아. 가치를 높여야 할 때 돈을 벌면 자칫 기회를 잃을 수도 있다는 점을 명심해.

TIME을 VALUE를 높이는 데 쓰면 CREDIT도 쌓을 수 있고, HAWAII에서 쉴 수도 있고, DREAM도 이룰 수 있다. 그러나 TIME을 당장의 MONEY를 버는 데만 쓴다면 이 모두를 이룰 수 없다.

3. 할 일을 바로 바로 하는 법

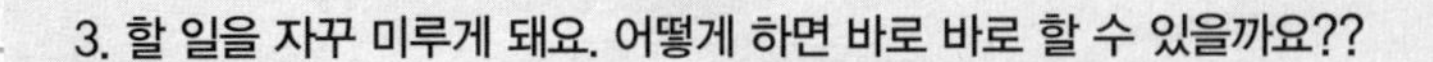

3. 할 일을 자꾸 미루게 돼요. 어떻게 하면 바로 바로 할 수 있을까요??

할 일을 미루지 않으려면 책상 앞에 붙여 놓든, 휴대폰 일정에 입력하든 수시로 자신에게 환기시켜야 해. 눈에 자꾸 보이면 해야 한다는 압박을 받을 수밖에 없거든.

할 일을 미루는 것은 잊어버려서라기보다 그 일이 하기 싫기 때문이야. 그럴 때는 그 일과 관련해서 쉽고 단순하게 할 수 있는 일부터 시작해봐. 예를 들어 영어공부를 해야 한다면 지난 시간에 배웠던 중요한 단어 10개로 퀴즈 내기부터 시작하는 거지.

역발상으로 가장 하기 싫은 일을 먼저 하는 것도 좋은 방법이야. 앞으로 쉬워질 일밖에 없기 때문에 점점 일에 속도가 붙어. 그러나 가장 좋아하는 일부터 시작하면 싫어하는 일은 가장 마지막까지 미루다가 결국 손도 못 대는 경우가 많아.

가장 중요한 것은 합격의 허들을 낮추는 거야. 즉 일을 완벽하게 끝내야만 한다는 생각을 버리고 일단 시작을 한 것만으로도 의미를 부여하는 거지. 시작이 반이라는 말도 있잖아? 일단 시작을 했으면 50%만 해도 다 한 거나 마찬가지라고 스스로를 격려하면 돼. 그걸 가지고 뭐라 할 사람은 아무도 없어.

하기 싫은 일을 먼저 하면

시간에 쫓기지 않는다

4. 영어를 잘하려면

4. 저에게 가장 큰 고민거리는 영어입니다. 영어를 못하면 인생에서 큰 손해를 보겠죠?

영어는 취업을 위해서만 잘해야 하는 것이 아니야. 영어를 잘하면 인식의 차원이 국내에서 세계로 넓어져. 세계적인 트렌드를 읽을 수 있고 남들보다 한발 앞서 국내에 도입할 수도 있지.

하지만 영어 공부에 왕도는 없어. 'Slow and steady wins the race.' (천천히 그리고 꾸준히 하면 결국 경주에서 이긴다.), 'Practice makes perfect.' (연습만이 완벽하게 만들어 준다.) 이 두 가지 방법 외에는.

따라서 처음부터 영어를 잘 하려고 하기보다 우선 영어와 친해지는 것이 중요해. 외화를 자주 본다든지, 외국인 친구를 사귄다든지, 아니면 공부가 아닌 놀이로서 영어와 친해진 후에 체계적으로 공부하는 것이 좋아.

본인이 원하는 일에 영어가 반드시 필요하다면 마스터해야겠지만 그렇지 않다면 굳이 영어 때문에 스트레스를 받을 이유는 없어. 영어는 목표가 아니라 내가 하고자 하는 일을 이루기 위한 수단이라는 점을 잊지 마.

Slow and steady
wins the race

5. 20대 청춘들의 필독서

5. 20대 청춘들이 꼭 읽어봤으면 하는 책들이 있다면 추천해주세요.

요즘 사람들이 책을 안 읽는 이유는 재미가 없어서야. 어렵고 교훈적인 책만 좋은 책이라는 선입관이 있어서 그럴지도 모르지.

일단 대형서점에 가서 맘에 드는 책을 골라봐. 만화도 좋고 에세이도 좋아. 그렇게 책을 읽기 시작하면 어느 순간 책이 책을 부르게 돼. 책 속에 소개된 다른 책을 연쇄적으로 찾아서 읽다보면 어느새 독서에 취미를 붙이게 될 거야.

혼자서 책을 읽기 힘들다면 시스템을 만들어봐. 독서 클럽에 가입할 수도 있고 서평 블로그를 연재할 수도 있지. 꾸준히 실천할 수 있는 구체적인 목표를 적어서 일단 시작하는 거야. 초반의 관성만 끊어내면 어느새 지하철에서 스마트폰 대신 책을 보고 있는 자신을 발견하게 될 거야.

본인에게 맞는 책이 가장 좋은 책이다

다음은 내가 추천하는 청춘 필독서 10권이야. 참고해 봐.

① 아프니까 청춘이다(김난도) - 청춘의 소중함, 아픔까지 즐겨라.
② 멈추지 마 다시 꿈부터 써봐(김수영) - 항상 꿈꾸고 실천하면 지치지 않는다.
③ 보물지도(모치즈키 도시타카) - 글로 쓰고 꿈의 지도를 만들면 그렇게 된다.
④ 꿈꾸는 다락방(이지성) - R=VD 생생하게 꿈꾸면 반드시 이루어진다.
⑤ 사막을 건너는 여섯 가지 방법(스티브 도나휴) - 사막 같은 삶을 살아가는 지혜.
⑥ 연금술사(파울로 코엘료) - 여행으로 자아를 찾는다.
⑦ 그리스인 조르바(니코스 카잔차키스) - 자유로운 삶이 가장 소중하다.
⑧ 언브로큰(로라 힐렌 브랜드) – 2차 대전 때 일본군 포로의 인생역전 이야기.
⑨ 사하라로 간 세일즈맨(황선찬) - 세상에 나를 제대로 팔 수 있는 지혜.
⑩ 설득의 심리학(로알드 치알디니) - 사람의 마음을 사로잡는 설득의 기술.

6. 어학연수, 꼭 가야할까?

6. 교환학생이나 어학연수를 가는 것이 유행인데 꼭 가야 하나요?

모든 판단은 주변의 시선에 맞춰 하는 것이 아니라 내가 주체적으로 내리는 거야. 교환학생이나 어학연수를 가지 않는다면 그에 상응하는 다른 일을 찾아야지.

영어를 유창하게 하는 것이 목표라면 굳이 외국까지 나가지 않아도 돼. 회화학원을 다닐 수도 있고 외국인이 많은 영어 커뮤니티에서 활동할 수도 있어. 무엇을 하든지 간에 목적이 뚜렷해야 좋은 성과를 낼 수 있어.

교환학생이든 어학연수든 그 자체가 목적이 아니라 앞으로 내가 하고 싶은 일을 위한 수단이라는 점을 잊지 마. 그런 활동들이 내 인생의 목표를 달성하는데 어떤 도움이 될 지를 먼저 생각해 봐.

교환학생이나 어학연수를 갈 때는 가능하면 많은 사람들이 가는 곳은 피하는 것이 좋아. 특히 한국 대학생들이 많은 곳은 최악이야. 영어는 늘지 않고 수다만 늘거든. 차라리 그 시간에 국내에서 다른 일을 하는 것이 나아.

어학연수는 필수가 아닌 선택

외국으로 나갈 경제적인 여유가 없다면 국내에서도 얼마든지 영어공부를 할 수 있어. 몸이 한국에 있느냐 미국에 있느냐는 중요하지 않아. 다만 경제적인 여유가 되고 견문을 넓히고 싶은 욕구가 있다면 한번 갔다 오는 것도 좋겠지.

7. 젊을 때 여행 가면 좋은 점

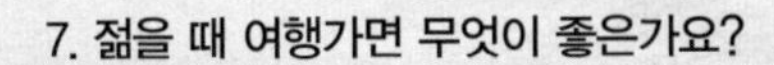

남아메리카의 혁명가 체 게바라는 원래 의학도의 길을 걷던 얌전한 엘리트였어. 그러던 그가 20대 초반에 두 번에 걸쳐 실시한 남미전역 여행은 그의 인생을 송두리째 바꾸어 놓았지. 라틴아메리카 곳곳에서 서민들의 빈곤한 삶을 보면서 이것을 벗어나는 길은 혁명밖에 없다는 확신을 가지게 된 거야.

여행을 통해 전혀 다른 시공간에 자기 자신을 내던지면 이전에는 미처 깨닫지 못했던 삶의 이면을 알게 돼. 그러한 깨달음은 체 게바라처럼 한 사람의 인생을, 아니 나아가 한 국가의 운명을 바꾸어 놓기도 하지.

여행은 인생의 축소판이야. 젊을 때 여행을 많이 하면 살면서 힘든 순간이 올 때마다 여행의 순간들이 떠오를 거야. 여행에서 겪는 경험은 이후에 펼쳐지는 삶에서도 모습을 달리하여 재현될 가능성이 높거든.

젊을 때는 정해진 틀이 없기 때문에 순수하게 많은 것을 받아들일 수 있고 그것을 활용할 시간도 많아. 젊었을 때는 삶의 방향을 1도만 틀어도 나중에는 그것이 어마어마한 차이를 가져와. 마치 각도기처럼.

여행은 사고의 한계를 넓힌다.

내가 히말라야에서 만난 학생들은 삶에 대한 자신감으로 눈빛이 살아있었어. 젊은이는 당돌해야 해. 이번 남극 여행 때 만난 한 젊은이는 회사에서 지원하는 여행공모전에 당첨된 신입사원이었어. 남들이 다 유럽, 아프리카를 간다고 할 때 혼자 남극에 가겠다고 해서 뽑힌 경우지. 그런 패기 넘치는 모습에 모든 사람들이 그 젊은이에게 호감을 가졌어. 심지어 어떤 여자분은 사위삼고 싶다고 하셨을 정도였다니까?

똑같은 여행지라도 70세에 가면 돌아다니기보다 편하게 쉬고 싶다는 생각만 들지. 또 뭔가 깨달음을 얻었다고 하더라도 그것을 활용할 시간이 별로 없어.

여행을 통해 좀 더 넓은 세상을 경험해 봐. 책 속에서 배울 수 없었던 것을 배우면서 사고의 한계가 넓어지고 이전과는 다른 방식으로 세상을 바라보게 될 거야.

8. 무언가에 중독이 되었다면

8. 먹거리, 술, 담배 등에 중독이 되었다면 어떻게 벗어나야 할까요?

어떤 일을 하고 싶은데 참는 방법은 그보다 더 하고 싶은 일은 찾는 거야. 중독의 방향을 좀 더 생산적인 쪽으로 틀어주는 거지.

더 하고 싶은 것을 찾기 힘들면 어렵지만 보람을 느낄 수 있는 것에 도전하거나, 미래의 선명한 꿈을 만들어서 그것에 몰입하는 거야.

누구나 정도의 차이가 있을 뿐 중독이 있어. 중독을 너무 나쁘게만 생각하지는 마. 다른 중독을 잡아야 지금의 중독을 놓을 수 있기 때문이야. 나도 지금 도전에 중독되어 있거든!

다이어트의 적인 탄수화물 중독은 정말 끊기 힘들지. 삼시 세끼를 모두 빵으로 해결하는 사람은 그것 때문에 건강이 악화될 수도 있어.

단번에 끊는 것이 어렵다면 점차 횟수나 양을 줄여가는 것이 좋아. 매일 빵을 먹었다면 이틀에 한 번씩 먹는다든지 건강빵으로 기존의 빵을 대체하는 방식이지.

ADDICTION?

ADD DIRECTION!

뭔가에 중독되었다면?

방향을 바꿔보자!

간혹 게임에 중독되었던 학생이 연애를 하면 컴퓨터를 쳐다보지도 않는 경우가 있어. 관심의 방향이 게임에서 연애로 바뀌면서 긍정적으로 변화된 경우지.

9. 스트레스 해소에 효과적인 방법

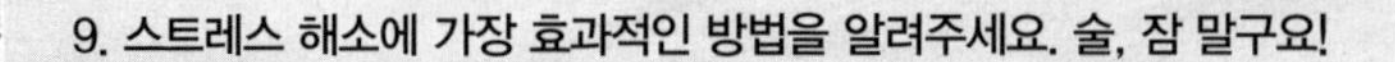

9. 스트레스 해소에 가장 효과적인 방법을 알려주세요. 술, 잠 말구요!

어떤 물체가 외력을 받으면 변형이 되는데 변형이 되지 않으려고 내부에 저항력이 생겨. 이 저항력이 바로 흔히 말하는 '스트레스(stress)'야.

예를 들어 직장인이 연수를 하는 이유는 변화하기 위해서야. 그런데 그것이 지금까지의 생활패턴과 맞지 않으면 변하고 싶지 않아서 스트레스를 받는 거지.

흔히 '낯선 환경에서 오는 스트레스'라는 말을 많이 쓰지? 변화를 받아들이고 그것에 적응하면 스트레스는 사라져. 예를 들어 평소에 안 하던 공부를 갑자기 하면 큰 스트레스를 받을 거야. 내면에서 변화에 대한 저항감이 생기기 때문이지. 그럴 땐 변화를 받아들이고 이왕 하는 것, 나 자신의 한계를 넘어보자는 각오로 덤비는 거지. 그러면 신기하게도 스트레스가 사라지고 희열마저 느껴지지.

스트레스를 주는 원인을 제거하는 것도 마찬가지야. 스트레스란 놈은 정면으로 달라붙어서 승부해야만 도망가. 예를 들어 내일까지 해야 되는 과제 때문에 스트레스를 받는다면, 최대한 빨리 과제를 해서 스트레스의 원인을 없애버리는 거지. 두려워하지 마. 일단 붙어보면 견적이 나와^^

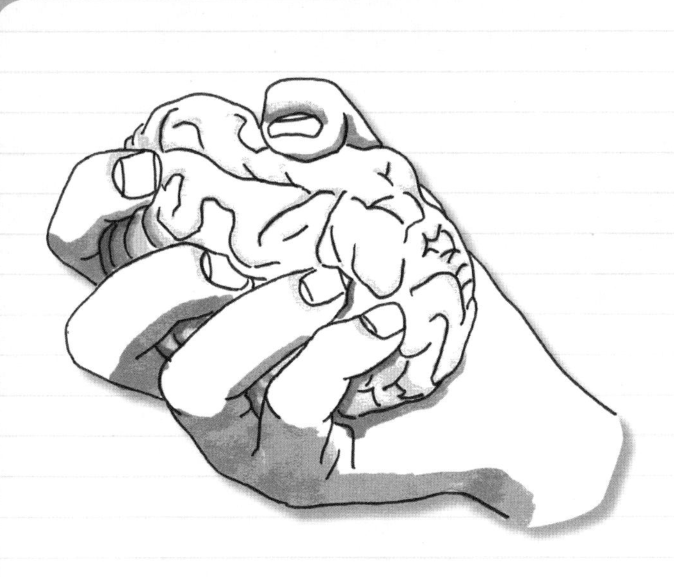

스트레스는 변화에 대한
저항력이다. 변화를 받아들이면
스트레스도 사라진다

10. 책을 쓰려면 어떻게 해야 하나요?

10. 저는 30세에 책을 쓰는 것이 버킷리스트에 있습니다. 책을 쓰려면 어떻게 해야 하나요?

성공해야 책을 쓰는 것이 아니라 책을 써야 성공할 수 있어. 다 늙어서 휠체어에 앉아 책을 써봤자 무슨 이익이 있겠어?

역발상이 필요해. 많이 읽고 많이 생각해야 책을 쓰는 것이 아니라, 우선 책부터 써야 그 과정에서 많이 읽고 많이 생각하게 돼. 그래서 책을 읽는 사람 중에 인생이 변화되는 사람은 적어도 책을 쓰는 사람들은 대부분 인생이 크게 변화하지.

모든 지식과 경험을 갖춘 다음에 책을 쓰겠다고 하면 이미 늦어. 책을 쓰면서 지식과 경험을 쌓겠다고 생각해야 해. '책을 쓴다'는 뚜렷한 목표를 가지고 공부를 하면 그냥 할 때보다 수배~수십배의 효율로 지식과 경험을 흡수할 수 있거든.

책을 쓰는 가장 빠른 방법은 오늘부터라도 하루에 한 줄씩 쓰기 시작하는 거야. 나도 10년 동안 내가 경험하고 강의한 내용을 메모하다 보니까 분량이 상당히 늘어났어. 어느 날 문득 메모들을 정리해야겠다는 생각이 들었고 자연스럽게 책을 쓰고 싶어졌지. 그렇게 해서 나온 책이 바로 나의 첫 책인 '사하라로 간 세일즈맨'이야.

만약 방법을 몰라서 혼자 쓰기가 부담스럽다면 책쓰기 강의를 듣거나 북코치의 도움을 받을 수도 있어. 모든 일에는 전문가가 있게 마련이거든. 물론 책을 쓰는 동안은 시간과 자금을 집중적으로 투자할 각오도 해야겠지.

1. 청춘에게 해주고 싶은 한마디 2. 20대의 가장 큰 행복은?
3. 20대에 하지 않으면 후회할 것들 4. 요즘 20대들에게 부족한 점
5. 25세에 뒤늦은 도전 6. 도전은 시간낭비다?
7. 청춘이 버거울 때 8. 죽기 전에 해야 할 일
9. 저자의 21세 때 고민 10. 하루를 의미 있게 사는 법

1. 청춘에게 해주고 싶은 한마디

1. 20대 청춘에게 꼭 해주고 싶은 한 마디는 무엇인가요?

20대에는 남들이 무모하다고 하는 일에 꼭 도전하라고 말하고 싶어. 20대에 겪은 수많은 실패는 반드시 향후 인생에 큰 자산이 되니까.

예전에 '다큐멘터리 3일'이란 프로그램에서 '내일로족' 에 대한 이야기가 방영된 적이 있어. 20대 젊은이들이 일주일 동안 마음껏 기차를 타고 전국방방곡곡을 누비면서 모험을 하는 이야기였지.

이들은 전주 한옥마을에서 한옥스테이를 체험하기도 하고 단양 양방산에서 패러글라이딩을 체험하기도 했어. 참 멋지지 않아? 이처럼 20대에는 뭐든 도전해보는 시기야.

좀 이상하게 들릴지 모르지만 나는 실패에 도전하라고 말하고 싶어. 실패를 하면 그 과정에서 성공을 통해서는 배울 수 없는 지혜를 얻을 수 있어. 실패에 도전하면 실패를 두려워할 이유가 사라지지.

도전과 경험은

20대의 특권

실패에 대한 두려움이 사라지면 하고 싶은 일들이 무한대로 늘어나. 마음껏 리스트를 적어보고 정말로 하나씩 도전해 봐. 도전은 성공해도 이익이고 실패하면 더 큰 이익이야.

2. 20대의 가장 큰 행복은?

2. 20대 초반에 느낄 수 있는 인생의 가장 큰 행복은 뭐가 있을까요?

'젊음 그 자체'가 아닐까? 뭐든지 도전하고 실패해도 괜찮은 젊음을 지니고 있다는 것이 가장 큰 행복이야.

중년이나 노년을 멋지게 불태울 수 있는 장작을 젊었을 때 많이 만들어 봐. 그리고 나이가 들면 그 장작들을 활활 태우면서 또 다른 도전을 시작하는 거야. 20대는 도전 자체가 장작이 될 수 있다는 점에서 축복받은 시기야.

그리고 현재 주어진 삶에서 보람을 느껴 봐. 삶의 목적이 뚜렷하고 그것을 달성하기 위해 하루를 충실히 사는 삶은 고통 속에 있어도 행복을 찾게 되어 있어.

또 20대에는 꼭 사랑을 해보라고 말하고 싶어. 서툴러도 좋고 찌질해도 좋아. 20대에 느낄 수 있는 뜨거운 사랑의 감정은 그 시기가 지나고 나면 다시는 느낄 수 없거든.

20대는 영화보다 찬란한 인생 최고의 시기

20대는 하고 싶은 건 많고 지갑은 가벼운 시기야. 그래서 다소 서툴러도 찌질해도 마음 가뿐하게 마구 지를 수 있어. 혹시 그거 알아? 나이가 들고 지갑이 무거워질수록 마음도 무거워진다는 거.

3. 20대에 하지 않으면 후회할 것들

3. 20대에 하지 않으면 후회할 것들은 무엇이 있을까요?

20대에는 모험을 해 봐. 그것도 남들은 섣불리 흉내낼 수 없는 황당하고 무모한 모험을.

작은 고생은 하나마나야. 몸만 피곤하고 남는 것도 없어. 이왕 고생을 하려면 동해안 770km 걷기나, 국토 자전거 종주 정도는 해야 할 말도 많아져.

이때 느끼고 경험한 것이 삶의 적금이 돼. 이 적금은 복리에 복리가 붙어서 나중에는 누구도 가질 수 없는 큰 재산으로 불어나.

나는 히말라야, 사하라 사막, 사랑의 집짓기 봉사활동 현장에서 20대 젊은 이들을 만났을 때 너무나 부러웠어. 나도 20대 때부터 올 수 있었으면 지금쯤 얼마나 더 발전해 있을까 하는 생각이 들었지.

20대엔 해서 후회할 일은 없어. 하지만 두렵다고 아무 것도 안 하고 시간만 보낸다면 20대가 다 지나고 났을 때 땅을 치며 후회하게 될 거야.

일생에 한 번은 남들이
가지 못 하는 곳에 가 보자

4. 요즘 20대들에게 부족한 점

4. 요즘 20대들은 어른들이 보시기에 어떤 점이 부족해 보일까요?

학점이나 스펙이 부족한 것은 전혀 문제가 되지 않아. 가장 큰 문제는 비전을 가지고 있지 않다는 거야.

비전이란 영어로 Vision이야. 자신의 미래 모습을 눈에 보이듯이 생생하게 그리는 거지.

또한 비전은 飛前이기도 해. 즉 날아오르기(飛) 전(前)에 바라보는 것이지. 비전이 없다면 날아올라도 어디로 갈지를 몰라서 표류할 수밖에 없어.

물론 젊은이들이 취업에 급급해서 다른 것을 돌아볼 겨를이 없다는 점은 안타까워. 하지만 계속 그렇게 근시안적으로 살다보면, 눈앞에 문제만 해결하느라 젊음을 낭비할 수 있어.

20대에 모든 것이 부족한 것은 당연해. 중요한 것은 부족함을 인정하고 그래도 앞으로 나아가려는 노력이야. 부족할 때 할 수 없는 것은 온전해졌을 때도 할 수 없어.

비전(飛前)이란

날기(飛) 전(前)에 바라보는 것

5. 25세에 뒤늦은 도전

5. 아무 것도 이뤄낸 것 없이 25세가 되었습니다. 뒤늦게 하고 싶은 일을 하기 위해 도전을 하고 있습니다. 조언을 부탁드립니다.

25세가 될 때까지 아무것도 이뤄내지 못할 수는 없어. 지금까지 견디며 살아온 것 자체도 대단한 것을 이뤄낸 거야.

이렇게 지금 이대로의 자신을 긍정하면서 새로운 것에 도전하는 것은 무모한 것이 아니라 멋있는 거야.

도전을 의미하는 Challenge에는 변화를 의미하는 Change가 숨어있어. 즉 도전을 통해서만 본질적인 변화를 이룰 수 있다는 의미야.

삶의 목적이 분명하고 방향도 결정되었다면 스스로 책임지는 삶을 살아봐. 설령 실패하더라도 그것은 영원한 실패가 아니야. 성공으로 가기 위한 과정일 뿐이야.

도전은 무모할수록 가치가 있는 경우가 많아. 기업은 100만 원 가치의 100명보다 1천만 원 가치의 1명을 원해.

YOU CAN'T SPELL

CHALLENGE

WITHOUT

CHANGE

도전 속에

변화가 숨어있다

지금 당장 최고의 가치에 무모하게 도전해봐. 지금 무모하지 않으면 나중에 나이가 들어서 무리를 해야 할 거야.

6. 도전은 시간낭비다?

6. 20대에 도전을 많이 하면 시간이 낭비될 것 같아요. 진짜 많이 도전해 봐도 괜찮을까요?

그토록 귀중한 시간을 도전에 쓰지 않으면 도대체 어디에 써야 하지? 아무리 공부하고 일하는 데 시간을 써도 도전에 쓰는 것만큼 가치가 있지는 않아.

도전은 그 자체로 의미가 있고, 도전에 따른 실패는 돈 주고도 살 수 없는 귀한 경험이야. 아니, 나는 오히려 한 살이라도 젊을 때 실패란 실패는 다 해보라고 말하고 싶어.

스티브 잡스는 대학을 자퇴하고 캘리그라피 수업을 청강한 적이 있는데, 그게 나중에 MAC OS를 만들 때 서체에 큰 도움이 되었지. 우리가 경험하는 모든 것은 서로 상관이 없는 점들처럼 보이지만, 나중에는 그것들이 하나로 이어지게 되어 있어.

한국의 스티브 잡스라고 불리는 표철민 위자드웍스 대표는 예전에 TV토크쇼에서 이렇게 말한 적이 있어. 실패를 할 때 마다 우리 뒤에는 몇mm씩 매트리스가 쌓인다고. 처음에 넘어질 때는 멍이 들고 아프지만 매트리스가 두꺼워질수록 넘어져도 별로 다치지 않는다는 걸 알고 막 지르게 된다고.

성공과 실패는 같은 주사위의 다른 면이다

시간낭비라고 생각하지 말고 막 도전해봐. 몇 번이고 넘어지고 자빠지고 뒹굴러 봐. 어느 날 문득 뒤를 돌아보면 너의 뒤에 푹신한 매트리스가 쌓여있음을 알게 될 거야.

7. 청춘이 버거울 때

7. 청춘이란 말로 언제까지 버틸 수 있을지 모르겠어요.

인생에서 가장 아름다운 시기가 어서 지나가기를 바라며 버틴다면 얼마나 안타까운 일일까?

나는 50세가 넘어도 청춘이라고 생각해. 청춘은 막 지르는 거라고 말했지? 나는 아직도 즉흥적으로 생각하고 바로 실행하지. 이번에도 남극에 가야겠다고 생각하고 바로 전화로 예약부터 했어.

남극해에서 펭귄과 수영을 했을 땐 추워서 죽을 것 같았지만 다행히 아직 살아있지. 유빙이 떠다니는 차가운 바닷물도 뜨거운 심장을 멈추게 할 수는 없었어.

'이렇게 막 해도 되는 걸까?'하고 신중해지는 순간, 청춘은 끝나는 거야! 청춘이 끝나는 시기는 나이가 들 때가 아니라 무모함이 사라질 때야.

20대는 견뎌야 할 시기가 아니라 누려야 할 시기

'나는 아직 젊으니까 힘들어도 돼'라는 생각은 하지 않았으면 좋겠어. 아픈 건 청춘이 아니야. 환자지. 아픔이 있다면 그것을 극복할 방법에 대해 고민해야 해. 성숙은 그 과정에서 일어나는 현상이니까.

8. 죽기 전에 해야 할 일

8. 죽기 전에 꼭 해봐야 할 일들이 무엇이 있나요?

버킷리스트는 사람마다 다르기 때문에 통일된 목록이 있을 수가 없어. 이 질문에 대한 답으로 나의 버킷리스트 중 일부를 보여줄게.

① 책 5권 저술하기

② 남극에 가서 펭귄 만나기(책을 쓰는 동안 이미 다녀와서 다음엔 북극에 갈 예정)

③ 춘천마라톤 풀코스 10회 완주로 명예의 전당 등재(현재 4회 완주)

④ 히말라야 안나푸르나(ABC) 10회 등반(현재 3회)

⑤ 사하라 사막 마라톤 250㎞ 2회 완주(현재 1회)

⑥ 쿠바 아바나에 있는 헤밍웨이가 묵었던 암보스문도스 호텔에서 헤밍웨이 소설읽기

⑦ 대학에서 강의하기

어떤 일을 해야 죽기 전에
후회하지 않을까?

9. 저자의 21세 때 고민

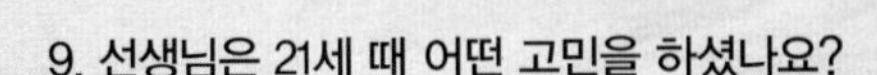

당시에 나는 가난한 대학생이었기 때문에 장학금을 받는 것이 가장 큰 고민거리였어. 장학금을 받아야만 공부를 계속할 수 있었으니까. 예나 지금이나 역시 돈이 문제지?

아무튼 장학금을 받자는 목표를 세우고 열심히 공부를 하면서 깨달은 게 있어. 고민이란 나를 괴롭히는 존재가 아니라 내가 살아있음을 느끼게 해 주는 고마운 존재라는 점이야.

사람은 선천적으로 게으른 존재야. 어지간히 괴롭지 않으면 변화할 생각조차 하지 않거든. 새벽에 소변이 마려워서 깰 때도 어떻게든 참고 이불 속에 더 있으려고 하잖아?

사람은 궁지에 몰려야 겨우 변해. 고민은 어지간하면 변하지 않으려는 나를 궁지에 몰아넣어서 간신히 변하게 만드는 성가신 존재야. 입에는 쓰지만 몸에는 좋은.

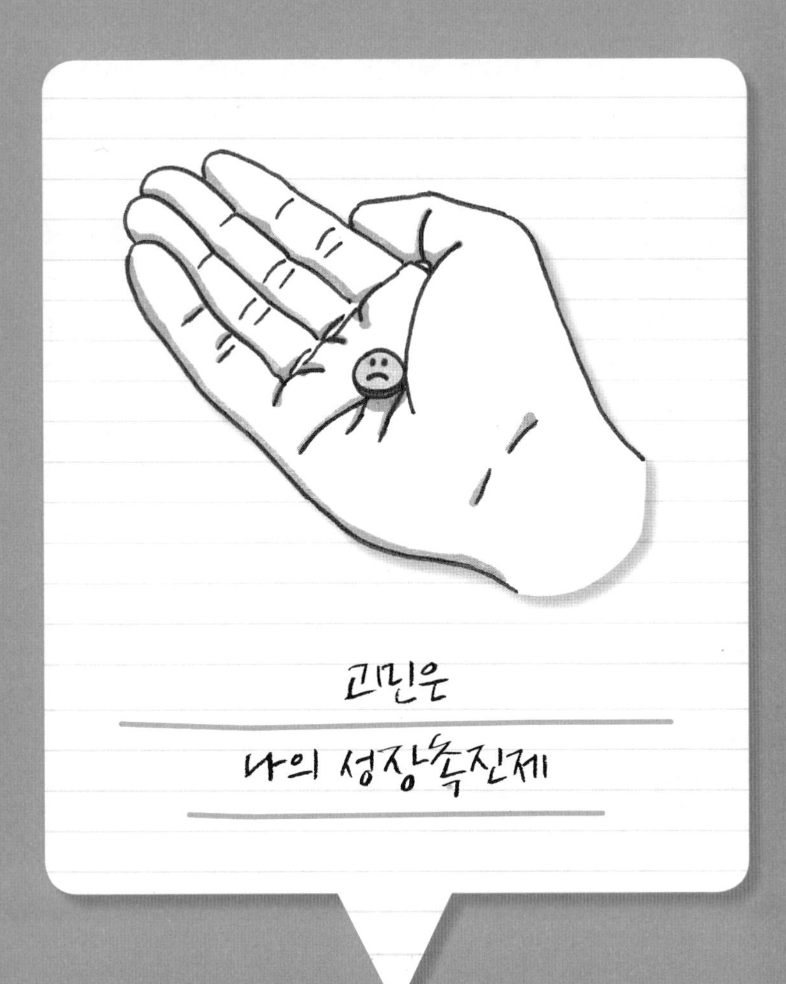

그래서 나는 고민이 생기면 그것을 해결하고자 하는 목표와 자연스럽게 연결시켰어. 그래서 고민이란 놈은 나를 키워주는 성장촉진제야. 지금까지도.

10. 하루를 의미 있게 사는 법

10. 하루를 어떻게 사는 것이 가장 의미가 있을까요?

'하루는 치열하게 살고, 인생은 대충 살라' 는 말이 있어. 인생계획은 거창한데 하루는 대충 사는 경우가 많기 때문에 이런 말이 나왔겠지?

나를 희생시켜서 상대를 좋게 해서도 안 되고, 상대를 희생시켜서 내 이익을 챙기는 것도 안 돼. 내가 즐거우면서 상대도 기쁘게 할 수 있는 일을 찾아 그 일을 열심히 하는 것이 하루를 제대로 사는 방법이야.

가장 좋은 방법은 나에게 주어진 날이 오늘 하루밖에 없다고 생각하며 사는 거야. 그러면 1분 1초도 허투루 보낼 수 없겠지? 치밀하게 계획을 세워서 꼭 해야 할 가치가 있는 일만 하는 거야. 심지어 아무 생각 없이 살겠다는 계획도 계획이야. 그런 계획조차 없이 하루를 보내는 것은 죄악이야.

히스이 고타로가 쓴《내일이 내 생애 마지막 날이라면》이라는 책을 보면 이런 말이 나와. "할 수 있는 놈이 노력하지 않는 것을 보면 멱살이라도 잡고 당장 나랑 바꿔"라고 말하고 싶다고. 이 말을 한 유우키군은 23세에 백혈병으로 사망해.

우물쭈물하다가 내 이럴 줄 알았다

– 조지 버나드 쇼(영국의 극작가)

흔한 말이지만 의미 있는 하루를 살기 위해서는 오늘 해야 할 일을 내일로 미루지 않고 그 날 다 해치워야 해. 어떤 일을 이루기 위해선 꾸준한 노력이 필요하지. 매일매일 그 일을 이루기 위해 조금씩 노력한다면 그야말로 의미 있는 하루가 아닐까?

PART 10

인생

1. 죽을 때 보람을 느끼려면

1. 죽을 때 보람 있는 삶을 살았다고 느끼기 위해선 어떻게 살아야 할까요?

죽음을 생각하는 사람은 절대로 삶을 헛되게 살지 않지.

죽을 때 보람 있는 삶은 생전에 사람들을 마음껏 사랑하고, 그 마음을 표현한 삶이 아닐까?

또 자신에게 주어진 일을 묵묵히 해내며, 매사에 감사하는 마음을 가지고 사람들에게 작은 친절이라도 베풀려고 노력했다면 그 또한 보람 있는 삶이 아닐까?

영국에서 노인병 간호사를 하며 수많은 죽음을 지켜본 브로니 웨어에 의하면 사람들은 죽기 전에 다음과 같은 5가지를 가장 많이 후회한다고 해.

① 남이 기대하는 삶이 아닌 내가 살고 싶은 삶을 살아야 했다.
② 그렇게 열심히 일할 필요가 없었다.
③ 내 감정을 좀 더 솔직하게 표현했어야 했다.
④ 친구들과 더 많이 연락하며 살아야 했다.
⑤ 나 자신에게 더 많은 행복을 허락했어야 했다.

Life

Death

죽음을 생각할 때
삶은 더없이 충실해진다

죽은 후에 어떤 사람으로 기억되기를 원해? 그런 삶을 오늘부터 살면 돼. 인생의 목적과 방향을 결정하고 그것을 향해 하루하루 살아가는 거야. 결국 그런 하루하루가 쌓여 인생이 되는 거지.

2. 보수 vs 진보

2. 군대를 다녀온 사람들은 거의 다 보수성향이 생기는 것 같습니다. 저도 군필자로서 많은 영향을 받은 것 같은데 어떻게 생각하십니까?

그건 군대에서만의 문제가 아니야. 일반인들도 보수성향의 방송을 보면서 보수화 되고 있어.

보수와 진보는 둘 다 사회를 굴러가게 하는 바퀴야. 사회가 제대로 굴러가기 위해서는 둘 다 필요해.

그러나 문제는 자신의 이념을 상대에게 강요할 때 생겨. 보수의 장점, 진보의 장점을 서로 존중해야 하는데, 우리나라는 분단국가라는 특수성 때문에 이러한 기본선이 잘 지켜지지 않아.

우리가 먹는 바나나는 '캐번디시'라는 단일종이야. 모든 바나나의 성질이 똑같기 때문에 하나만 병에 걸리더라도 전체로 퍼질 가능성이 높지. 실제로 과거 '그로 미셸'이라는 바나나종이 파나마병으로 멸종한 바 있고, 캐번디시종도 역시 멸종위기에 노출되어 있어.

틀에 박힌 붕어빵은

맛은 있어도 멋은 없다

이처럼 다양성은 변화하는 세계에서 집단의 생명력을 유지시키는 역할을 하지. 보수든 진보든 어느 한 쪽으로 편향된 사회는 정상적인 사회가 아니야. 다양한 생각을 인정하는 포용력이 필요해.

3. 행복의 필요충분조건

3. 어떻게 살아야 행복할 수 있나요?

행복하려면 최소한의 시간적 · 경제적 여유가 있어야 해. 시간적인 여유가 없으면 돈이 있어도 쓰지 못하고, 경제적인 여유가 없으면 시간이 남아돌아도 활용하지 못하지.

여유를 가지려면 봉사하고 나누는 것이 가장 좋아. 봉사와 나눔은 샘물과 같아서 퍼낼수록 더 넉넉하게 채워지거든. 강제적으로라도 시간과 돈을 나누면 반드시 여유가 생겨. 나누려는 마음이 없으면 아무리 부와 명예를 가지더라도 여유가 없고 불행해져.

행복은 추구하는 게 아니라 그냥 지금 이 순간을 자각하는 거야. 취직이 되면, 결혼을 하면, 집을 사면 행복해지겠지 하고 행복을 유보하다보면 결국 아무것도 누리지 못해. 내일은 내일일 뿐 결코 오늘이 될 수 없으니까.

지금 이 순간 내가 가지고 있는 것을 소중히 여겨봐. 맑은 하늘을 볼 수 있다는 것, 튼튼한 두 다리로 맘껏 걷고 뛸 수 있다는 것, 삶의 애환을 나눌 친구가 있다는 것 등 마음만 먹으면 누릴 수 있는 것이 얼마든지 있어.

행복은 가장 가깝고 가장 낮은 곳에 있다

사하라 사막에는 아무 것도 없었기에 오히려 나는 많은 것을 얻을 수 있었어. 시원한 물 한잔, 단단한 땅, 나무 그늘 등 당연하게 여겼던 것들의 소중함을 깨닫게 되었지.

시각장애인이 앞을 볼 수 있다면, 다리가 불편한 사람이 걷고 뛸 수 있다면, 외로운 노인에게 진실한 친구가 생긴다면 얼마나 행복할까? 너는 이미 그 모든 것을 가지고 있어. 그것을 깨닫고 누리기만 하면 돼.

4. 저자의 좌우명

4. 선생님의 좌우명이 궁금해요.

내 좌우명은 '힘들고 좁은 길을 간다'야.

사람들은 흔히 넓은 길로 가라고들 말하지. 넓은 길은 당장은 쉽고 편할 것 같지만 경쟁자가 많기 때문에 반드시 나중에 힘들어져. 그리고 그 힘듦은 처음에 예상하지 못했던 것이기에 극복하기 힘들지.

하지만 좁고 힘든 길을 선택하면 경쟁자가 없어. 힘든 일을 만나도 이미 길을 선택할 때 예상했던 것이기 때문에 충분히 극복할 수 있지.

나의 또 다른 좌우명은 '선택과 집중'이야. 모든 것을 다하겠다는 것은 아무것도 안 하겠다는 것과 같아. 선택하고 집중하면 많은 것을 이루면서도 즐길 수 있어.

이때 한번에 여러 가지를 하는 것이 아니라 우선 순위를 정해서 한번에 한 가지씩 여러 번 하는 것이 중요해. 또 하나에 집중할 때는 일부러라도 나머지는 엉망이 되도록 내팽개쳐야 해. 거기서 발생하는 문제는 성공한 자신감으로 쉽게 해결할 수 있어.

성공의 첫 번째 요건은 육체적, 정신적 에너지를 낭비하지 않으면서 하나의 문제에 집중할 수 있는 능력이다. - 토머스 에디슨 -

5. 어른이 된다는 것은 무엇일까

5. 어른이 된다는 것은 무엇일까요?

어른이 된다는 것은 인생을 정면으로 끌어안고 스스로의 말과 행동에 대해 책임을 진다는 거야.

우선 말과 행동을 신중히 해야 하고, 부모의 의존에서 벗어나 독립적인 삶을 꾸려야 해. 자유를 얻는 대신 그에 따르는 책임을 지는 것은 당연하지.

또한 공동체의 일원으로서 투표 등을 통해 권리를 행사해야 하고, 공동체가 개인에게 부여한 병역, 납세 등의 의무를 이행해야지.

무엇보다도 어른이 되려면 자신이 어떻게 살아야 할지에 대한 가치관을 분명하게 설립해야 해. 복잡하고 험한 세상을 부모나 다른 누군가의 지시가 아닌 스스로의 판단으로 헤쳐 나가야 하니까.

어른이 된다는 것은 따뜻한 밥 한 끼 산다는 것

과일도 익으면 기꺼이 자신의 몸을 나누어줌으로써 더 많은 씨앗을 퍼뜨리듯, 사람도 성숙하면 기꺼이 자신의 것을 나눌 수 있어야 해. 아무런 계산 없이 주위 사람들에게 따뜻한 밥 한 끼 사는 것, 그것이 바로 어른 아닐까?

6. 외로움을 극복하는 방법

6. 혼자 살 때 외로움을 극복하는 방법이 있을까요?

곁에 누군가가 없을 때 사람들은 외로움을 느껴. 그런데 곁에 누군가 있다고 해도 시간이 지나면 점점 그 사람이 귀찮아 지지.

혼자 있어도 외롭지 않고, 같이 있어도 귀찮지 않아야 진정으로 외로움을 극복했다고 할 수 있어. 혼자 있어도 외롭지 않으려면 항상 소중한 누군가와 함께 있다고 생각해 봐.

외로움을 없애는데 집착하면 할수록 외로움의 골은 깊어져. 혼자 있음을 느끼면서도 '혼자 있음의 충만함'을 느끼면 외로움을 느낄 틈이 없어.

혼자 있음의 가치를 잘 아는 사람은 같이 있음의 가치도 잘 아는 사람이야. 혼자 있어도 좋은 사람은 누군가와 같이 있어도 잘 어울려 지내지. 하지만 혼자 있는 것이 외로워서 누군가를 불러내야 하는 사람은, 같이 있는 것을 귀찮아할 가능성이 높아.

'혼자'의 가치를 아는 사람이

'같이'의 가치도 안다

7. 인생이 허무해질 때

7. 인생이 허무해질 땐 어떻게 하나요?

삶을 오직 자신만을 위해 살면 인생이 허무하다고 느껴질 수 있어. 그럴 땐 다른 사람을 위해 보람 있는 일을 해야 해.

예전에 우울증에 걸려서 상담까지 받던 50대 주부가 딸의 임신 소식을 듣고 활기를 되찾는 모습을 보았어. 내가 누군가에게 필요한 존재라고 느끼는 순간 마음의 빈 공간이 의욕으로 가득차지.

내가 행하는 일로 인해 다른 사람의 얼굴에 웃음꽃이 피는 것을 보면 허무한 마음이 눈 녹듯이 사라질 거야. 그러니 가까운 단체를 찾아가서 봉사할 수 있는 일을 알아봐.

꿈이 없거나 도전을 포기해도 허무함을 느낄 수 있어. 꿈이 없으면 하루 종일 아무나 30명을 만나서 꿈을 물어봐. 그러면 꿈이 생겨. 다들 저렇게 크고 작은 꿈을 가지고 가슴 설레며 살고 있는데 도대체 나는 뭐지? 라는 생각이 들 거야.

삶에 의미가 없을 땐 스스로 의미를 만들어 보자

가끔 삶이 무의미하다고 느껴지더라도 삶의 의미를 찾으려는 노력을 게을리 해서는 안 돼. 그럴 땐 인생의 로드 맵을 짜보는 것이 어때? 그것들을 하나씩 실현시키는 성취감은 참 뿌듯하거든.

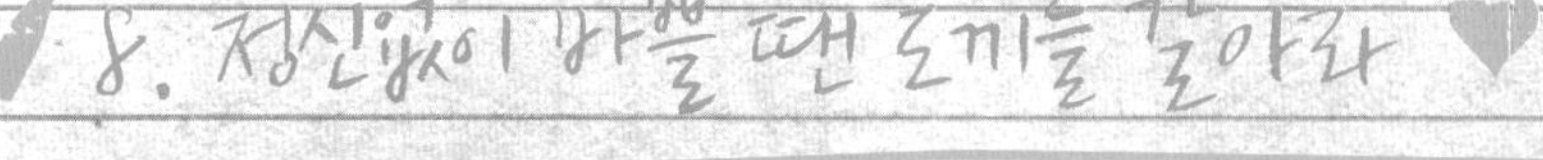

8. 요즘 너무 바쁘게 살고 있는데 바쁜 만큼 만족감과 성취를 얻는지는 모르겠어요.

바쁘게 사는 건 좋은 거야. 너무 한가하면 잡념과 망상 속에서 시간을 허송할 가능성이 많아.

그런데 나의 바쁜 일정이 가치를 만들어내는 일들인지는 생각해 봐야지. 인디언들은 바삐 가다가 잠시 말을 세우고 뒤를 돌아본다고 해. 자신의 영혼이 자신을 따라 오는지 확인하기 위해서야.

그래서 '정신없이 바쁘다'라는 말은 뭔가 잘못된 길을 가고 있다는 의미야. 그러니 분주하게 움직이되 '정신을 차리고' 그 일이 어떤 가치를 창출하는지를 생각해 봐야 해.

또 아무리 바쁘더라도 적절한 휴식을 잊어서는 안 돼. 휴식은 결코 시간 낭비가 아니야. 하루 종일 쉬지 않고 도끼질을 하는 것보다 중간 중간 쉬어가면서 도끼날을 갈아야 더 많은 나무를 팰 수 있어.

현명한 나무꾼은 가끔 쉬면서 도끼날을 간다

인생의 사막을 건널 때도 바쁘다고 오아시스를 지나치면 머지않아 탈진해서 쓰러져. 가끔 삶의 오아시스에 들러서 과거의 실수를 돌아보고, 현재의 에너지를 충전하고, 미래의 계획을 세워야 해. 그래야 목적지까지 무사히 갈 수 있어.

너무 바빠서 체력적으로 부담된다면 별로 중요하지 않은 활동들은 과감하게 줄여 봐. 육체적인 에너지가 고갈되면 정신적인 에너지도 고갈되거든. 항상 에너지가 충만한 상태에서 '바빠야 할 가치가 있는 일에만' 바쁘기를 바라.

9. 인생에서 힘든 순간이 올 때

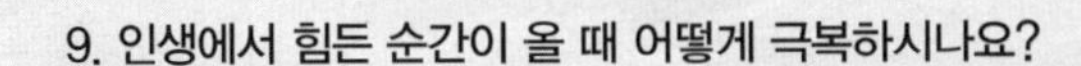

9. 인생에서 힘든 순간이 올 때 어떻게 극복하시나요?

바람이 많이 부는 지역에 자라는 나무들은 뿌리가 땅 속에 깊이, 넓게, 단단하게 박혀 있어. 폭풍에 날아가지 않으려고 환경에 적응한 거야. 인생도 이와 같아.

겉으로 보기에는 바람에 시달리는 나무처럼 힘들어 보이지만 내적으로는 인격이 깊고 넓고 단단하게 성숙되어 가는 과정일 수 있어. 시련이 닥쳤을 때 단순히 견디기만 하지 말고 내가 보다 큰 존재로 거듭날 수 있는 계기로 만들어봐.

비행기가 날아갈 때 가장 방해가 되는 것은 무엇일까? 바로 공기지. 속도가 높아지면 높아질수록 공기의 저항은 거세져. 하지만 공기가 없는 진공상태에서는 비행기가 단 1㎜도 뜰 수 없어. 비행기에 있어서 공기는 저항임과 동시에 원동력이야.

나에게는 집짓기 봉사활동, 사하라 마라톤, 히말라야 등반의 경험이 삶의 고난을 이겨낼 수 있는 힘을 주었어. 세상에는 쉬운 일도 없고 어려운 일도 없어. 모두 내가 만들 뿐이야.

지금 돌이켜보면 힘든 일들이 많았지만, 그냥 이 순간도 지나가리라 믿음으로 이겨냈어. 가수 김범수의 노래 중에도 있지? 계절이 바뀌듯, 감기가 낫듯 이 또한 지나가리라고. 영원히 머무는 고난은 없어.

10. 인생의 계획을 세우는 법

10. 인생의 계획은 어떻게 세워야 할까요?

계획은 역순으로! 실행은 정순으로!

인생의 계획을 세울 때는 끝에서부터 시작해야 해. 목표지점에서부터 현재의 나까지 차근차근 징검다리를 놓는 거지.

예를 들어 가수가 되고 싶다는 꿈을 이루기 위해서는 어떻게 하면 좋을까? 당연히 한번에 이룰 수가 없으니 단계를 실행가능한 단위로 잘게 쪼개야겠지? 여기까지는 좋아!

그런데 대개의 사람들은 '여기'부터 시작해서 '목표'까지 가는 징검다리를 놓지. 노래방에서 노래를 연습하고, 댄스동아리에서 춤을 배우고, 기획사를 찾고 등등. 하지만 그렇게 막무가내로 하면 시간도 많이 걸리고 가끔 목표를 잃고 방황하기도 해.

이럴 땐 '역순'으로, 즉 '목표'에서부터 '여기'까지 거꾸로 징검다리를 놓는 거야. 예를 들면 다음과 같아. 〈목표 : 가수가 된다〉 ← 어떻게 하면 가수가 될 수 있을까? ← 〈앨범을 낸다〉 ← 어떻게 하면 앨범을 낼 수 있을까? ← 〈기획사에 들어간다〉 ← 어떻게 하면 기획사에 들어갈 수 있을까? ← 〈노래를 잘 한다〉 ← 어떻게 하면 노래를 잘할 수 있을까? ← 〈학원에서 보컬 트레이닝을 받는다〉 ← 학원비는 어떻게 마련할까? ← 〈아르바이트를 한다〉 ← '지금 여기'

자, 계획을 세웠으니 이제 어떻게 하면 좋을까? 실행은 '정순'으로! 즉 '지금 여기'부터 시작해서 '목표'까지 놓여 진 징검다리를 순서대로 밟아 나가면 되는 거야. 아르바이트를 해서 번 돈으로 학원에 등록하고, 보컬 트레이닝을 받고, 그 실력으로 기획사에 들어가서 앨범을 낸 후 가수로 데뷔하는 거지. 어때? 쉽지? 실제로 내가 아는 사람 중에도 평범한 교사였다가 이런 식으로 가수가 된 사람이 있어.

명심해. 계획은 '역순'으로 실행은 '정순'으로. 얼핏 단순해 보이는 이 방법으로 나는 지금까지 내가 꿈꾸던 모든 것을 대부분 실현시킬 수 있었어.

에필로그

“얼마 전 세 번째 책을 쓰기 위해 남극을 다녀왔다. 그곳에서 얼음을 깨고 펭귄들과 수영을 하면서 깨달은 것이 있다. 선택의 기로에서 남들이 가지 않는 힘든 길을 선택해야 경쟁이 없는 블루오션을 만날 수 있다는 사실이었다. 미국, 중국, 유럽으로 여행을 가는 사람은 많다. 그러나 남극까지 가는 사람은 극소수다. 그 사람들 중에서도 혹한에 웃통을 벗고 얼음바다에 뛰어든 사람은 100명이 넘는 사람들 중 나를 포함해 6명밖에 없었다. 그러니 험한 길을 자처해서 가면 경쟁이 사라질 수밖에!

나의 첫 번째 책인《사하라로 간 세일즈맨》을 보면 ‘터널이 기적을 만든다.’라는 말이 나온다. 어두운 터널을 지나지 않고는 절대로 기적은 일어나지 않는다. 그래서 어떤 사람들은 일부러 터널을 만들어서 통과하기도 한다. 언뜻 어리석어 보이기도 하지만 세상을 바꾼 미친 짓은 있어도 세상을 바꾼 평범함은 없다. 인생을 살아갈 때도 마찬가지이다. 예전에 강화도에 놀러갔다 개뻘을 걸은 적이 있다. 한 발을 힘들게 빼서 내밀면 다른 발이 더 깊이 들어갔다. 요즘 젊은이들이 처한 수렁 같은 현실과 비슷했다. 그럴 때는 발밑만 보고 걸어선 안 된다. 찬란하게 빛나는 별을 보고 걸어야 뻘을 벗어날 수 있다.

작년에 책을 낸 덕분인지 최근에는 세일즈와 관련 없는 청소년 수련회나 회사 워크숍에 자주 강사로 초청을 받는다. 그동안 내가 맘껏 도전하고 즐겼던 경험들이 이제는 남들이 비싼 강의료를 주고 불러서 듣고 싶은 높은 가치가 되었다.

사람들은 나를 초청하면서 이렇게 말한다. "1% 가능성에 도전했던 이야기를 해주세요. 보통 사람들은 50%의 가능성이 있어도 나머지 50%의 실패위험을 보고 포기하려고 하거든요." 1%의 가능성에 도전하는 사람들이야말로 100%의 기회를 얻을 수 있다.

5년 후 나는 사하라사막 250㎞ 마라톤에 다시 한 번 도전하려고 한다. 내 삶의 기적을 만들기 위해 일부러 어두운 터널을 지나려는 것이다. 굳이 또다시 힘든 길을 선택하는 나의 어리석음을 비웃지 마시길. 뜨겁게 불타는 모래사막이 나에게는 경쟁이 없는 쉬운 길이다. 도전이 멈추면 성장도 멈추고, 성장이 멈추면 삶도 멈춘다. 사람은 죽는 때와 땅에 묻히는 때가 다르다. 꿈이 멈추는 때가 죽는 때이고 숨이 멈추는 때가 땅에 묻히는 때이다. 그래서 꿈을 포기하지 않는 사람은 땅에 묻혀서도 죽지 않는다. 고대 신화의 영웅들은 모두 별이 되지 않았던가.

≪사이다≫는 청년들과의 문답 600개 중 중요한 문답 100개를 추린 것이다. 재능기부 차원에서 시작한 멘토링이 내 삶에 이렇게 많은 의미를 줄지는 미처 몰랐다. 청년들에게 도움을 주려고 시작했는데 그 과정에서 오히려 내가 많은 것을 배우고 느꼈다. 이 깨달음을 바탕으로 또 한 권의 책을 조심스레 세상에 내놓는다. 이 책이 나오기까지 같이 격려하며 도와준 '성공작' 꿈 친구들, 바쁜 일정 속에서도 선뜻 일러스트를 맡아 준 안영준 작가, 동료이자 파트너인 정병화, 신주섭, 친구 이강석, 마지막으로 수많은 질문을 선물한 젊은 청년들에게 감사의 말을 전한다. 그들 모두가 이 책의 저자들이다.

2016년 2월 7일 청춘멘토 황선찬